खुशी के 7 कदम

डॉ. पवित्र कुमार शर्मा

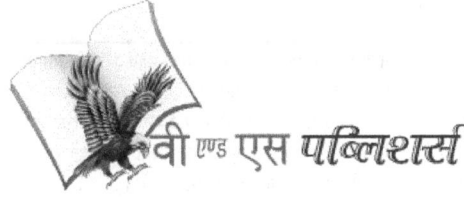

वी एण्ड एस पब्लिशर्स

प्रकाशक

वी एण्ड एस पब्लिशर्स

F-2/16, अंसारी रोड, दरियागंज, नई दिल्ली-110002
☎ 23240026, 23240027 • *फैक्स:* 011-23240028
E-mail: info@vspublishers.com • *Website:* www.vspublishers.com

शाखाः हैदराबाद

5-1-707/1, ब्रिज भवन (सेन्ट्रल बैंक ऑफ इण्डिया लेन के पास)
बैंक स्ट्रीट, कोटी हैदराबाद-500 095
☎ 040-24737290
E-mail: vspublishershyd@gmail.com

वितरकः

- **पुस्तक महल**®, दिल्ली
  J-3/16, दरियागंज, नई दिल्ली-110002
  ☎ 23276539, 23272783, 23272784 • *फैक्स:* 011-23260518
  E-mail: info@pustakmahal.com • *Website:* www.pustakmahal.com
  बंगलुरू: ☎ 080-22234025 • *टेलीफैक्स:* 080-22240209
  पटना: ☎ 0612-3294193 • *टेलीफैक्स:* 0612-2302719

- **पी.एम. पब्लिकेशंस**
  - 10-बी, नेताजी सुभाष मार्ग, दरियागंज, नई दिल्ली-110002
    ☎ 23268292, 23268293, 23279900 • *फैक्स:* 011-23280567
    E-mail: pmpublications@gmail.com
  - 6686, खारी बावली, दिल्ली-110006
    ☎ 23944314, 23911979

- **यूनीकार्न बुक्स**
  मुम्बई:
  23-25, ज़ाओबा वाडी (वी०आई०पी शोरूम के सामने), ठाकुरद्वार, मुम्बई-400002
  ☎ 022-22010941 • *फैक्स:* 022-22053387

© **कॉपीराइटः** वी एण्ड एस पब्लिशर्स

ISBN 978-93-815882-4-6

संस्करणः 2011

भारतीय कॉपीराइट एक्ट के अन्तर्गत इस पुस्तक के तथा इसमें समाहित सारी सामग्री (रेखा व छायाचित्रों सहित) के सर्वाधिकार प्रकाशक के पास सुरक्षित हैं। इसलिए कोई भी सज्जन इस पुस्तक का नाम, टाइटल डिजाइन, अंदर का मैटर व चित्र आदि आंशिक या पूर्ण रूप से तोड़-मरोड़ कर एवं किसी भी भाषा में छापने व प्रकाशित करने का साहस न करें, अन्यथा कानूनी तौर पर वे हर्जे-खर्चे व हानि के जिम्मेदार होंगे।

मुद्रकः परम ऑफसेटर्स, ओखला, नई दिल्ली-110020

विषय - सूची

पहला कदम : खुशी को मिलकर बाँटिए....................................... 5
- खुशी के स्रोत अथवा साधन...5
- खुशी के प्रकार 8
- खुशी : सबकी साझी...18
- दु:ख बाँटने से कम होता है : खुशी बढ़ती है 21

दूसरा कदम : ईर्ष्या न करें.. 29
- कर्मफल के सिद्धान्त से "क्यों? क्या?" के चक्रव्यूह से मुक्ति 33
- ईर्ष्या से हानियाँ.. 36
- ईर्ष्या : एक स्त्री–संस्कार.. 39
- ईर्ष्या से अपनी रक्षा कैसे करें?... 39
- ईर्ष्या को जड़ से समाप्त कैसे करें?.. 41

तीसरा कदम : सबको आदर : सबसे स्नेह.. 44
- बड़ों को आदर दें.. 44
- आदर देने से ही आदर और खुशी मिलती है....................................46
- आदर भावना से लेकर खुशी तक की प्रक्रिया 47
- स्नेह का चमत्कार.. 48
- स्नेह : एक चुम्बक...50
- स्नेह : सच्ची खुशी का स्रोत.. 50
- स्नेह का अभाव : सारे अपराधों का मूल... 51
- स्नेहाभाव की पूर्ति करें : खुशहाल जीवन जियें................................ 55
- प्यार से ही उन्नति और सुख के रास्ते खुलते हैं........................... 58
- खुशी की लहरें (प्रकम्पन) पैदा कीजिए...59
- आदर–सत्कार–विमर्श.. 61
- सद्गुणों से स्नेह : सत्कर्मों से आदर–सम्मान की प्राप्ति................ 63
- भगवान को भी आदर दें...66

चौथा कदम : आध्यात्मिकता में रुचि.. 68
- सच्ची खुशी : (आत्मिक आध्यात्मिक) खुशी...................................68
- आध्यात्मिकता के मायने.. 68
- शरीर सिर्फ मुखौटा या बाहरी आवरण है : आत्मा ही सच्ची खुशी का आधार 69

- ➤ आध्यात्मिक ज्ञान केवल साधु–संन्यासियों का विषय नहीं, जन–सामान्य का भी विषय 72
- ➤ आध्यात्मिकता में रुचि रखने की उम्र 73
- ➤ ईश्वर का आध्यात्मिक स्नेह 76
- ➤ जहाँ आध्यात्मिकता, वहीं उन्नति 76
- ➤ आध्यात्मिकता में रुचि जगाने के उपाय 77
- ➤ सच्चा आध्यात्मिक व्यक्ति कौन? 88

पाँचवा कदम : स्वाध्याय में रुचि 91
- ➤ पुस्तकें हमारी सच्ची दोस्त 92
- ➤ पुस्तकें : एक मार्ग–प्रदर्शक या गुरु 93
- ➤ स्वाध्याय के साथ–साथ चिन्तन करना भी जरूरी 94
- ➤ पुस्तक से लाभ कैसे लें? 95
- ➤ खुशी प्रदान करने वाली पुस्तकें पढ़िए 95
- ➤ पुस्तकालय से जुड़िए 96
- ➤ पुस्तकालय जीते–जागते मन्दिर 97
- ➤ स्वाध्याय में आलस्य न करें 98
- ➤ स्वाध्याय से जीवन की उन्नति 98
- ➤ पुस्तक से चरित्र का निर्माण 99
- ➤ स्वाध्याय में मगन रहिए 100
- ➤ पुस्तकीय ज्ञान और व्यवहार 101
- ➤ स्वाध्याय का आध्यात्मिक सन्दर्भ 102

छठा कदम : मन का सामंजस्य 103
- ➤ सामंजस्य से ही सारी समस्याओं का समाधान 104
- ➤ स्वभाव–संस्कारों का टकराव उचित नहीं 104
- ➤ कुण्ठा और निराशा कैसी? 106
- ➤ खुशियों के रास्ते की प्रमुख रुकावटें 106
- ➤ मन का सामंजस्य : जीवन की उन्नति 112
- ➤ सामंजस्यपूर्ण जीवन : खुशहाल जीवन 113

सातवाँ कदम : सहनशीलता 115
- ➤ सहन करने वाला ही सहनशाह (शहंशाह) अथवा सम्राट ... 115
- ➤ सबसे बड़ी सहनशील हस्ती : ईश्वर या परमपिता परमात्मा ... 116
- ➤ सहनशीलता कैसे आयेगी? 117
- ➤ सहनशीलता कायम रखने के विभिन्न उपाय 120
- ➤ सहनशीलता से पत्थर भी देवतुल्य 121
- ➤ सहनशीलता : महापुरुषों का लक्षण 122
- ➤ सागर की तरह सहनशील, गम्भीर और महान बनें 123
- ➤ वृक्ष की सहनशीलता और महानता 123
- ➤ प्रतिपल अपनी मुस्कान बिखेरिये 124
- ➤ खुशी के हर कदम पर गौर करें 125

पहला कदम

खुशी को मिलकर बाँटिए

खुशी, प्रेम, दया और मन की शान्ति– ये सभी मानव को ईश्वर की ओर से मिले हुए अनमोल उपहार हैं। संसार का प्रत्येक आदमी अपनी जिन्दगी में मन की प्रसन्नता चाहता है, जिन्दगी भर खुश रहना चाहता है, लेकिन मन की सच्ची खुशी पाने के लिए प्रयास भला कितने लोग कर पाते हैं?

खुशी कोई ऐसी चीज नहीं है, जिसे बाजार में पैसा देकर खरीदा जा सके। बाजार से आप विभिन्न प्रकार की वस्तुएँ खरीद सकते हैं, खुशी नहीं। यह बात दूसरी है कि उनमें से कुछ वस्तुएँ आपको मन की खुशी दिलाती हैं, लेकिन अमीरी में पले हुए व्यक्तियों के साथ या सुविधासम्पन्न लोगों के साथ ऐसा नहीं होता। उनको बाजार की बनावटी चीजों, भौतिक साधनों या महँगे उपहार–खिलौनों के जरिये नहीं बहलाया जा सकता।

खुशी के स्रोत अथवा साधन

खुशी किन–किन चीजों या साधनों से प्राप्त की जा सकती है, आइए इस पर जरा विचार करते हैं :–

छोटे बच्चों का मन–मस्तिष्क पूर्णतः परिपक्व नहीं हो पाता है, इसलिए वे खेल–खिलौने जैसे भौतिक साधनों या कृत्रिम उपकरणों से जीवन की खुशी प्राप्त करते हैं। चूँकि पढ़ाई के बजाय खेल में तन और मन की अधिक स्वतन्त्रता रहती है, उसमें मस्तिष्क और बुद्धि की निर्णयशक्ति की भी स्वतन्त्रता रहती है, इसलिए बच्चे पढ़ाई–लिखाई की अपेक्षा खेलना–कूदना ज्यादा पसन्द करते हैं। बच्चों की भोली मानसिकता को रंग–बिरंगे खिलौने प्रसन्नता प्रदान करते हैं।

बच्चों के अलावा संसार के अधिकांश बड़ी आयु के स्त्री-पुरुषों के मन की खुशी का आधार कृत्रिम उपकरण या भौतिक साधन ही होते हैं। बँगला, मोटरकार, टेलीविजन, कम्प्यूटर, फ्रिज, ए.सी., उत्तम प्रकार का स्वादिष्ट भोजन तथा सुख-सुविधाओं की अन्य अनेक वस्तुएँ भला किसे अच्छी नहीं लगतीं और कौन इन सबको नहीं चाहता ? लेकिन दुनिया में सभी को ऐसी मानवनिर्मित वस्तुएँ भला कहाँ उपलब्ध हो पाती हैं ? हमारे देश में तो लाखों लोग आज भी ऐसे हैं, जिन्हें इस तरह की सुविधाजनक वस्तुओं को प्राप्त करने की बात तो छोड़िये, दो वक्त का खाना भी नसीब नहीं हो पाता है। उनके लिए तो भरपेट भोजन ही सुख और खुशी का सबसे बड़ा साधन है।

धन-सम्पत्ति से मिलने वाली खुशी भी उन्हीं के पास होती है, जिनके पास पर्याप्त धन होता है। जब आदमी की जेब में धन होता है, तो उसे एक तरह का सन्तोष और मानसिक आनन्द अन्दर ही अन्दर प्राप्त होता रहता है, जब तक कि धन खर्च या समाप्त नहीं हो जाता। चूँकि धन से ही खाने-पीने की, पहनने-ओढ़ने की, दैनिक उपयोग की विभिन्न वस्तुएँ खरीदी जाती हैं, इसलिए जब इन सब चीजों को खरीदने में व्यक्ति की जेब का पैसा खर्च हो जाता है, तो उसे चिन्ता होने लगती है। धन पास में होने से उसके मन को जितनी खुशी और तसल्ली मिलती थी, उनकी ही चिन्ता, उतना ही असन्तोष उसे धन खत्म होने पर सताने लगता है।

यह बात ठीक है कि रुपया-पैसा मनुष्य के हाथ की मैल है और आदमी ही रुपये को जन्म देता या कमाता है। लेकिन धन या लक्ष्मी का स्वभाव चंचल अथवा अस्थिर प्रकार का होता है। वह कभी किसी एक व्यक्ति के पास टिककर नहीं रहती। जब आदमी के पास धन या रुपया-पैसा होता है, तो उसका मन करता है कि विभिन्न प्रकार की वस्तुओं में धन को खर्च किया जाये। सुखपूर्वक या आराम से जीने के लिए आदमी अपने ऊपर तथा अपने घर वालों पर रुपया खर्च भी करता है।

विभिन्न वस्तुओं की खरीद-फरोख्त में धन खर्च करने के बाद भी आदमी के मन की कई इच्छाएँ अधूरी रह जाती हैं। दुनिया में किसी के पास भी इतना रुपया-पैसा या धन नहीं है, जिससे वह अपने मन की सारी इच्छाओं या जरूरतों को पूरा कर सके। दुनिया की लाखों प्रकार की भौतिक वस्तुओं की तरह मनुष्य की इच्छाएँ भी अनन्त हैं। एक ही समय पर आदमी अपने मन की सारी इच्छाओं की पूर्ति नहीं कर पाता। आदमी की जो इच्छाएँ अधूरी रह जाती हैं, वे उसके मन को दुःख या कष्ट पहुँचाती हैं।

भौतिक जगत में मनुष्य धन के जरिये ही अपनी इच्छाओं की पूर्ति करता है लेकिन धन को पाने और खर्च करने की एक सीमा होती है। धन का वितरण सब लोगों में एक समान नहीं होता। भारत के अधिकांश लोग गरीबी के माहौल में पलते हैं। जी-तोड़ परिश्रम या मेहनत-मजदूरी करने के बाद भी वे ज्यादा रुपया-पैसा अथवा साधन नहीं कमा पाते। उनकी स्वयं की तथा उनके बीबी-बच्चों की कई इच्छाएँ अपूर्ण रह जाती हैं। अपनी जरूरतों को धनाभाव के कारण पूरा करने में वे असमर्थ होते हैं।

इस अध्याय में खुशी को बढ़ाने वाले उपायों पर चर्चा की गयी है। अपने मन की खुशी बढ़ाने का सबसे अच्छा साधन यह है कि आप अपनी खुशी को सबके साथ बाँटकर चलें। अगर आप अन्य किसी के साथ अपनी खुशी न बाँट सकें, तो कम से कम अपने घर-परिवार के लोगों के साथ खुशी को जरूर बाँटें।

घर-परिवार की खुशियाँ मनुष्य के जीवन की सबसे नजदीकी खुशियाँ हुआ करती हैं। आदमी जिस माहौल के अन्दर रहता है, उसे 'घर' या 'परिवार' कहते हैं। परिवार में उसके माता-पिता, भाई-बहन और बीबी-बच्चे आदि सभी होते हैं। खुशियों का पूरा एक समूह होता है घर के अन्दर। जब व्यक्ति किसी बात को लेकर परेशान, निराश या चिन्तित होता है, तो परिवार में रहने वाले लोग उसकी चिन्ता या परेशानी से दुःखी होकर उसकी परेशानी को दूर करने का प्रयत्न करते हैं। जो लोग अपने घर के लोगों से मिलकर चलते हैं और परिवार वालों की सलाह से काम करते हैं, वे अपनी जिन्दगी में प्रायः कम ही समस्याओं से घिरे हुए पाये जाते हैं। अगर उनके पास कोई समस्या या परेशानी आ भी जाती है, तो उनके घर-परिवार के लोग मिलकर उनकी समस्या या मुसीबत को हल करने का प्रयास करते हैं।

परिवार में यह जरूरी नहीं है कि सभी को बड़ी-बड़ी, खुशियाँ ही प्राप्त हों। परिवार की छोटी-छोटी खुशियाँ ही कभी-कभी आदमी को बहुत बड़ी खुशी दिला देती हैं, लेकिन हमें अपने परिवार की छोटी-छोटी खुशियों को प्रकट करने का तरीका आना चाहिए। घर में यदि कोई बच्चा अपनी परीक्षा में अच्छे अंक ले आता है या किसी प्रतियोगिता में प्रथम आकर पुरस्कार प्राप्त करता है, तो घर के सभी सदस्यों को बहुत प्रसन्न होना चाहिए। भले ही उस बच्चे के जीवन की खुशी का आपके जीवन से कोई गहरा सम्बन्ध न हो, लेकिन घर में अगर हम किसी एक व्यक्ति के मन की खुशी को बढ़ाने में सफल हो जाते हैं, तो इससे सारे घर के अन्दर खुशी के प्रकम्पन या बायब्रेशन फैलते देर नहीं लगती। अगर आप अपने घर के बच्चों की छोटी-छोटी खुशियों को, उनकी इच्छा या अभिलाषाओं को

नजरअन्दाज कर देंगे, तो आपकी खुशी के मौके पर तथा आपकी हार्दिक अभिलाषा के प्रकट होने पर आपको भी बच्चों से अपेक्षित सहयोग नहीं मिल पायेगा।

घर में जब कोई नया बच्चा पैदा होता है, तो घर में खुशी आती है। जब किसी बालक का जन्मदिन मनाया जाता है, तो परिवार में खुशी आती है। जब घर में किसी की शादी या विवाह होता है, तो भी घर खुशियों से झूम उठता है। इस तरह के अवसरों पर परिवार के सभी लोगों की खुशियों में वृद्धि होती है।

अपने घर–परिवार की खुशियों को हमें साथ–साथ मिलकर मनाना चाहिए। परिवार में किसी एक व्यक्ति की खुशी केवल उसके अपने जीवन की खुशी नहीं होती, बल्कि सभी की साझी खुशी होती है। इसी प्रकार अगर हम अपनी खुशी को सिर्फ अपना मानकर चलते हैं, तो यह हमारी भूल है। उस खुशी से हमारे परिवार के सभी लोगों को लाभ मिलना चाहिए। अगर हमारे जीवन की कोई खुशी हमारे घर–परिवार के लोगों के मन की खुशी को बढ़ाती है अथवा हमारे परिवार के किसी निराश व्यक्ति की निराशा या उदासी को दूर करती है, तो वह खुशी ही सार्थक है, सच्ची है, मूल्यवान है....... ।

व्यक्ति शाम से लेकर अगले दिन सुबह होने तक अपने जीवन का आधा समय अपने घर के अन्दर रहकर ही बिताता है। जो व्यक्ति अपने घर में प्रसन्न या सन्तुष्ट नहीं रह पाता, निश्चित मानिए कि वह घर से बाहर निकलकर कहीं भी मन की सच्ची खुशी प्राप्त नहीं कर सकेगा।

खुशी के प्रकार

(1) भौतिक उपकरणों या कृत्रिम साधनों की खुशी
(2) धन–सम्पत्ति से मिलने वाली खुशी
(3) घर–परिवार की खुशियाँ
(4) मित्रों से मिलने वाली खुशी
(5) प्राकृतिक साधनों से मिलने वाली खुशी
(6) परोपकार या परमार्थ से मिलने वाली खुशी
(7) मन की सच्चाई, ईमानदारी तथा वफादारी से मिलने वाली खुशी
(8) मानसिक सन्तोष से मिलने वाली खुशी
(9) दूसरों की उन्नति को देखकर मिलने वाली खुशी, तथा

(10) दूसरों को अपना बनाने की खुशी या अपने मन की भावना से मिलने वाली खुशी आदि।

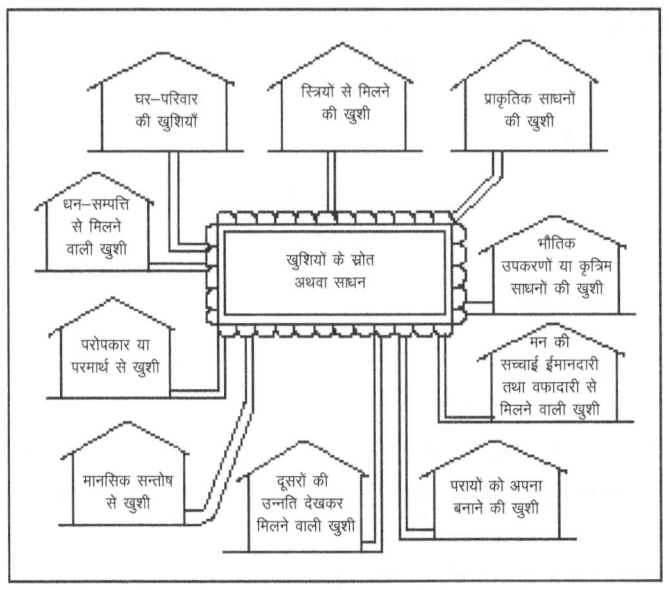

मनुष्य की खुशी के स्रोत

यद्यपि कुछ आधुनिकतावादी तथा स्वतन्त्रताप्रिय लोग घर से बाहर क्लब और पार्टियों में जाकर अपने-आपको प्रसन्न बनाने का प्रयास करते हैं। सब अच्छा खाना खाते हैं तथा कुछ तो शराब आदि पीकर अपनी जिन्दगी के ग़म, घर की ऊब या परिवार की परेशानियों को भुलाने का प्रयास करते हैं, लेकिन जिस व्यक्ति की जिन्दगी के सुख-दुःख उसके घर-परिवार के लोगों के साथ साझा नहीं हो पाते, वह किसी विधि या उपाय से अपने मन के तनाव, उलझन या परेशानियों से निजात नहीं पा सकता है। पार्टी-क्लब में नृत्य करने के बाद, शराब पीने के बाद उसके मन की क्षणिक खुशी का नशा उतरता है, तो आदमी अपने-आपको पहले की तरह बेचैन, परेशान, निराश और उदास पाता है।

दूसरी बात यह है कि हम अपने घर के किसी व्यक्ति को परेशान करके या उसे मन-काय-वचन ; किसी प्रकार से दुःख देने का प्रयास करेंगे, तो हम स्वयं भी प्रसन्न नहीं रह पायेंगे। जब अपने घर-परिवार के या घर से बाहर किसी

परिचित, अपरिचित व्यक्ति को परेशान अथवा दुःखी किया जाता है, तो उस व्यक्ति के दिल से निकली बद्दुआएँ या दर्दभरी आहें हमको कहीं भी सुख-चैन से बैठने नहीं देती हैं।

यह सच है कि व्यक्ति का घर अथवा परिवार उसके मन की, उसकी जिन्दगी की खुशियों का सबसे बड़ा साधन है लेकिन परिवार में हमेशा खुशियाँ तभी ठहर पाती हैं, जब हम अपने परिवार के हर व्यक्ति के प्रति संवेदनशील तथा सहानुभूतिशील रहते हैं।

ऐसा नहीं होना चाहिए कि हमारे परिवार में कोई दुःखी हो, बीमार होकर दर्द से कराह रहा हो और हमें उसकी परवाह ही न हो। यदि हम सोचते हैं कि हम अपने घर के किसी सदस्य के दुःख-दर्दों से बेपरवाह होकर सुख से रह लेंगे, तो यह हमारी भूल है। जब तक हमारे परिवार का एक भी व्यक्ति दुःखी है, तब तक हमको अपने घर के अन्दर सच्चा चैन या खुशी हासिल नहीं हो सकती। यदि हम चाहते हैं कि हमारे घर-परिवार की खुशियाँ हमेशा बनी रहें अथवा हमारे मन की खुशी कभी खत्म न हो, तो हमें अपने घर के सदस्यों के प्रति सहानुभूतिशील होकर उनके दुःख-दर्द, तनाव तथा जीवन की समस्याएँ दूर करने का प्रयास करना चाहिए।

मानव के जीवन की खुशी अथवा प्रसन्नता का एक साधन उसकी मित्र-मण्डली होती है। पैदा होने के बाद बच्चा चार-पाँच वर्ष तक अपनी माता के आश्रित रहता है। माँ ही उसकी सखा और मित्र होती है। वह अपने मन की परेशानी तथा दिल की हर बात माँ को बताता है और माँ अपने बच्चे की खुशी के लिए सब कुछ करने को तैयार रहती है।

कुछ बड़ा होने पर बालक स्कूल पढ़ने जाता है। नये-नये मित्र बनाता है। स्कूल अथवा पास-पड़ोस के बच्चों को अपना मित्र बनाने से उसे पता चलता है कि घर-परिवार के माहौल के अलावा एक अन्य क्षेत्र भी है, जहाँ वह अपने मन की खुशियाँ पा सकता है।

मनुष्य के लिए अपने यार-दोस्तों अथवा मित्रों से मिलने वाली खुशी घर-परिवार के लोगों से मिलने वाली खुशी से कुछ भिन्न प्रकार की होती है। खासतौर से मनुष्य की किशोरावस्था और उसके युवाकाल में। युवा हो जाने पर व्यक्ति का दिमाग परिपक्व हो जाता है। उसकी समझ में आ जाता है कि उसे अपने घर के लोगों के साथ कौन-सी बात कहनी चाहिए और कौन-सी नहीं। उसके मन में कुछ बातें ऐसी उठती हैं, जिनको वह अपने भाई-बहनों या माता-पिता से नहीं

कह पाता। केवल अपनी उम्र के यार–दोस्तों या समलिंग के प्रति ही वह अपने दिल की बात को प्रकट कर पाता है।

अपने यार–दोस्तों से अपने दिल की बात कहकर आदमी को खुशी मिलती है। जिस तरह से हम अपने दिल की बातें अपने मित्रों से कहना चाहते हैं, उसी तरह हमको भी अपने मित्रों की बातें सुनने तथा उन्हें उचित सलाह या परामर्श देने के लिए सहज और सहर्ष रूप से तैयार रहना चाहिए।

हमारे जीवन के सुख–दुःख में जिस प्रकार हमारे माता–पिता, भाई–बहन या घर के अन्य सदस्य सहायता करते हैं, उसी प्रकार से हमारे यार–दोस्त अथवा मित्र भी हमारी बड़ी सहायता करते हैं। केवल खुशी की बात ही नही, बल्कि अपने मन के दुःख या परेशानी की बात भी हम अपने मित्रों से निःसंकोच रूप से कह पाते हैं। चूँकि मित्रमण्डली में सबकी अपनी–अपनी बुद्धि या तर्क होता है। इसलिए कोशिश सभी यही करते हैं कि अपने मित्र के गम या दुःख को दूर किया जाये।

व्यक्ति का खुशी में नाचना–झूमना और गाना यार–दोस्तों के साथ ही होता है। अपने मित्रों के साथ उसके सम्मुख वह बन्धन नहीं होता, जो घर–परिवार की मर्यादाओं के कारण होता है। तथापि मित्रों का चुनाव करने में व्यक्ति को बहुत सावधान रहना चाहिए। उसे कभी ऐसे व्यक्ति से मित्रता नहीं करनी चाहिए, जो गलत आचरण वाला हो, जिसके अन्दर बुरी आदतें हो तथा जो कठोर या कड़वे बोल बोलने वाला हो। जब हम ऐसे व्यक्ति से मित्रता करते हैं, तो हमें अक्सर नुकसान ही उठाना पड़ता है। ऐसा आदमी कब कोई कठोर या अप्रिय बात कह दे, कुछ कहा नहीं जा सकता।

अगर आपके मित्र अच्छे विचारों वाले और अच्छे आचरण वाले होंगे, तो वे हमेशा वही बात कहेंगे जिसमें आपका हित या कल्याण होता हो। वे कभी कोई झूठी या गलत बात नहीं बोलेंगे, जिसके कारण आपको नुकसान उठाना पड़े।

मानव का शरीर प्रकृति के पाँच तत्वों से निर्मित हुआ हड्डी–माँस का पुतला मात्र है। यद्यपि धर्मशास्त्रों में मनुष्य की आत्मा को चेतन तथा मनुष्य के शरीर को जड़ या अचेतन माना गया है, लेकिन इनसान को सुख अथवा दुःख के जो भी अनुभव प्राप्त होते हैं, वे शरीर के जरिये ही प्राप्त होते हैं। मानव का शरीर उसके जीवन की खुशियों का सबसे अहम् प्राकृतिक स्रोत है।

'प्राकृतिक साधन' का मतलब प्रकृति या कुदरत से उत्पन्न हुए उपकरण या साधन हैं। मानव कुदरत के जिन तत्वों के सम्पर्क में आता है, वे इस प्रकार हैं :–

(1) मनुष्य का अपना शरीर
(2) अन्य मनुष्यों का शरीर
(3) पेड़-पौधे तथा उनके फल-फूल इत्यादि उत्पाद
(4) जीव-जन्तु तथा उनके द्वारा दी जाने वाली सेवाएँ
(5) वायुमण्डल की स्वच्छ वायु
(6) धरती की फसलें- अन्न व शाक-सब्जी तथा
(7) नदियों का मीठा जल इत्यादि।

ये सभी चीजें प्राकृतिक तत्वों या प्राकृतिक साधनों की श्रेणी में शामिल की जाती हैं। ऐसे प्राकृतिक साधनों से मिलने वाली खुशी भी इनसान के जीवन में अलौकिक सुख एवं आनन्द प्रदान करती है। आदमी को सच्ची खुशी तब प्राप्त होती है, जब वह शारीरिक और मानसिक रूप से पूर्णतः स्वस्थ रहे। पेड़-पौधों या फसलों से प्राप्त फल-फूल, अन्न, तरकारी आदि चीजें, गाय-भैंस आदि जन्तुओं से मिलने वाला दूध आदि सभी प्राकृतिक वस्तुएँ मनुष्य के शरीर को पोषण प्रदान करके उसके स्वास्थ्य को ठीक रखती हैं। वायुमण्डल की शुद्ध वायु मनुष्य के शरीर को शुद्ध बनाने में अपनी महत्वपूर्ण भूमिका निभाती है।

जब हम कहीं पिकनिक मनाने के लिए जाते हैं और सुरम्य प्राकृतिक स्थल पर बहती हुई नदी या झरने का दृश्य देखते हैं, तो हमारा मन खुशी से झूम उठता है। पेड़-पौधों की हरियाली भी हमारे मन को बड़ा आनन्द प्रदान करती है।

कुदरत या प्रकृति की चीजें न केवल दिखने में अच्छी लगती हैं, बल्कि वे इस्तेमाल करने में भी फायदेमन्द होती हैं। नदी का कल-कल करके बहता जल मन को खुशी देता है और प्यास लगने पर जब उसी जल को पीया जाता है, तो मन तृप्त हो उठता है। इसी प्रकार पेड़ पर लदे हुए आम, फसलों में उगा अन्न दिखने पर सुखदायक प्रतीत होते हैं। भूख लगने पर जब इन चीजों को (पकाकर) खाया जाता है, तो ये शरीर को पोषण और तृप्ति प्रदान करते हैं।

मानव ने तो प्रकृति की सेवा करना छोड़ दिया है। प्रकृति के तत्वों की सेवा करने के बजाय वह प्रकृति पर उल्टा अत्याचार ही ज्यादा करने लगा है। वृक्षों की अन्धाधुन्ध कटाई, जल को तथा वायु को रासायनिक तत्वों, धुएँ तथा जहरीली गैसों से दूषित करना उसका स्वभाव बन गया है। मनुष्य के इन अत्याचारों से प्रकृति देवी यद्यपि अत्यन्त दुःखी हैं, तथापि उसने अभी तक मानव पर उपकार करना नहीं छोड़ा है। प्रकृति का मनुष्य के ऊपर सबसे बड़ा उपकार

तो यही है कि उसने मनुष्य को सुख की अनुभूति करने वाला शरीररूपी यन्त्र बनाकर दिया है। इस यन्त्र के सहारे आदमी धरातल पर अच्छे-अच्छे कर्म कर पाता है तथा वाणी या वार्तालाप से अपने मन की खुशी का इजहार कर पाता है।

प्रकृति के अन्य उपकार मनुष्य को भोजन हेतु फल-फूल, सब्जी, अन्न आदि देना, पीने के लिए जल तथा श्वासक्रिया के लिए शुद्ध वायु प्रदान करना है। प्रकृति अगर अपने इन विभिन्न साधनों के जरिये मनुष्य पर उपकार करना छोड़ दे, तो आदमी का पृथ्वी पर जीना ही मुश्किल हो जाये।

एक मानव को दूसरे मानव के शरीर द्वारा जो सुख प्राप्त होता है, वह भी कुदरती सुख या प्राकृतिक साधन द्वारा प्राप्त होने वाला सुख है। यद्यपि सुखदायी प्राकृतिक साधन मनुष्य के मन को खुशी प्रदान करते हैं, लेकिन इस प्रकार की खुशी मन में हमेशा नहीं टिक पाती। जब मन के अन्दर कोई विक्षोभ, दुःख या चिन्ता पैदा होती है, तो इस प्रकार की खुशी पलक झपकते ही गायब हो जाती है। जिन लोगों के मन के अन्दर दूसरों का भला करने की भावना होती है, उनको परोपकार या परमार्थ के कार्यों से विशेष खुशी मिलती है।

जब हम दूसरों की सहायता करते हैं, दूसरों की मुश्किलों को आसान करते हैं, तो दूसरा व्यक्ति स्वयं को समस्या के तनाव के बोझ से हल्का महसूस करता है। उसे स्वयं में प्रसन्नता या खुशी का अनुभव होता है और जिसने उसकी समस्याओं को दूर किया है, जिसने उसके मन को खुशी दी है, उसके प्रति वह मन ही मन अपना आभार या कृतज्ञता को प्रकट करता है।

मनुष्य द्वारा कही गयी बात चाहे निष्प्रभावी या बेअसर हो जाये लेकिन उसके मन की भावनाएँ कभी बेअसर नहीं होतीं। मन की सूक्ष्म भावनाएँ वातावरण में घूमती हुई दूसरों के ऊपर अपना प्रभाव अवश्य दिखाती हैं। जब हम किसी व्यक्ति के प्रति उसके नेक कार्य, सहायता अथवा उदारता के प्रति कृतज्ञता अर्जित करना चाहते हैं, तो ऐसी भावनाएँ सूक्ष्म रूप में उस व्यक्ति के पास पहुँचकर उसके मन की खुशी को अवश्य बढ़ाती हैं।

किसी पर उपकार करना या किसी का भला करना— यह एक प्रकार का महान या ऊँचा कार्य समझा जाता है और महान कार्यों को करने वाले व्यक्तियों से ईश्वर सदैव प्रसन्न रहता है। ईश्वर का भी काम है— दुःखी, परेशान, संकट या अभावग्रस्त व्यक्तियों की किसी न किसी प्रकार से मदद करना तथा अपने द्वारा रची गयी मानवसृष्टि को सुखदायी बनाना। परमात्मा के ऐसे कार्य या उद्देश्यों में जो लोग मदद करते हैं, उनको परमेश्वर की ओर से अतिरिक्त खुशी और

सहायता की प्राप्ति होती है।

शास्त्रों में कहा गया है कि परोपकार के लिए ही वृक्ष फल देते हैं, गायें दूध देती हैं, सूर्य पूर्वदिशा से उगता है, नदियाँ बहती हैं और वायु सन्—सन् करके बहती है। प्रकृति के इन सभी उपकरणों से सारी मानवजाति का भला होता है। हर प्राणी को नवजीवन, नवोत्साह प्राप्त होता है। फिर अगर कुदरत की तरह मनुष्य भी दूसरों का उपकार करने लगे, तो मानव क्यों न सुखी होगा। क्यों नहीं वह धरती को स्वर्ग बना सकेगा? त्यागवान महापुरुष दूसरों की खुशी में ही अपनी खुशी ढूँढ़ते हैं, दूसरों के जीवन के सुख में ही अपना सुख तलाश करते हैं।

मन की सच्चाई—सफाई, ईमानदारी तथा वफादारी की उज्ज्वल भावनाएँ ही मन की खुशियों की मूल स्रोत हैं। अगर आपका मन साफ—स्वच्छ या निर्मल नहीं है, अगर कई प्रकार की बुराइयाँ, दुर्भावनाएँ या विकार आपके मन के अन्दर भरे हुए हैं, तो भला आप किस प्रकार मन की सच्ची खुशी पा सकते हैं? क्योंकि खुशी का अनुभव तब होता है, जब व्यक्ति का मन निश्चिन्त या शान्त होता है। मानसिक बुराइयाँ या नकारात्मक संकल्प आदमी के मन को कहीं शान्त या स्थिर नहीं रहने देते। पल—पल में आदमी का निर्णय बदलता रहता है। मन की चंचलता या अस्थिरता उसकी निर्णयशक्ति पर भी असर डालती है। दूसरी तरफ बेईमान व्यक्ति कहीं न कहीं परेशान या दुःखी जरूर रहता है। जब तक आदमी का ईमान साफ नहीं होगा या उसके अन्दर ईमानदारी न होगी, तब तक वह जीवन में सच्ची या वास्तविक खुशी का अनुभव कैसे कर सकता है।

'वफा' उर्दू का शब्द है। इसका मतलब है— साथ निभाना या अपना किया हुआ वायदा पूरा करना। 'वफा' का अर्थ दूसरों के प्रति अपने कर्तव्य की पूर्ति करना भी है। जो व्यक्ति वफादार रहता है या दूसरों का साथ, मित्रता को निभाता है, वह हर हाल में प्रसन्न ही रहता है। उसके मन में कभी कोई चिन्ता, नकारात्मक विचार, निराशा पैदा नहीं होती। चूँकि वह ठीक वक्त पर दूसरों की मदद करता है, अतः उसको भी जरूरत के समय में दूसरों का साथ अवश्य मिलता है, जिससे उसकी कई मुश्किलें आसान हो जाती हैं।

लेकिन जब इनसान के दिल से सच्चाई, ईमानदारी और वफा की भावनाएँ चली जाती हैं और इनके बजाय स्वार्थ, कृपणता, अकृतज्ञता, ईर्ष्या, द्वेष और वैर की दुर्भावनाएँ प्रवेश करने लगती हैं, तो व्यक्ति अपने नकारात्मक या तनावपूर्ण विचारों से खुद ही परेशान और भारी—भारी—सा रहने लगता है।

दुनिया के ज्यादातर लोग अपनी जिन्दगी की खुशी को बाहर ढूँढ़ने का प्रयत्न

करते हैं। दरअसल सच्ची खुशी आदमी के घर से बाहर और मन से बाहर कहीं पर भी नहीं है। हजारों रुपया खर्च करके लोग कुल्लू-मनाली, कश्मीर या आबू जैसे हिल स्टेशनों (पर्यटक स्थलों) पर सैर-सपाटा करने जाते हैं, लेकिन वापस घर में लौटकर उनके मन की दशा पहले जैसी ही हो जाती है।

जब तक आदमी अपने मन की मशीन (सोचने या विचारने की प्रक्रिया) में परिवर्तन नहीं लायेगा, तब तक उसे अपनी जिन्दगी में प्रतिपल नयी प्रेरणाएँ, नयी खुशी, नया उत्साह और नवीन शक्ति कभी प्राप्त नहीं हो सकेगी।

शास्त्रों में सन्तोष के धन को मनुष्य के जीवन का सबसे बड़ा धन कहा गया है। जिस व्यक्ति के जीवन में सन्तोष आ जाता है, वह कभी किसी बात को लेकर दुःखी और परेशान नहीं रहता। परिस्थितियाँ चाहे कितनी ही विकट या विकराल क्यों न हो, सन्तोषी व्यक्ति को अपने मन के अन्दर यही आस लगी रहती है कि जल्दी ही मेरे जीवन की परिस्थितियाँ अनुकूल होंगी, मेरे दिन फिरेंगे तथा मुझे भी उन्नति करने का अवसर प्राप्त होगा।

मानसिक सन्तोष से मिलने वाली खुशी व्यक्ति के जीवन की ऐसी अदभुत प्रसन्नता होती है, जो जल्दी ही समाप्त नहीं होती। जब तक आदमी के दिल में सन्तोष बना रहता है, प्रसन्नता या खुशी भी उसके साथ-साथ रहती है। सन्तोषी व्यक्ति भले ही ज्यादा हँस न पाता हो, लेकिन उसे अपनी जिन्दगी में कोई अभाव भी दिखायी नहीं देता।

सन्तोष का मुख्य सूत्र यही है कि आपके पास जितनी लम्बी चादर है, आप उतने ही पैर चादर के अन्दर पसारिये। चादर को बढ़ाने की इच्छा करना या लम्बी-चौड़ी चादर पाने की अभिलाषा करने की जरूरत नहीं है। जितनी लम्बी-चौड़ी चादर आपके पास है, आप उसी से अपना काम चला सकते हैं। करना आपको केवल इतना पड़ेगा कि आपको चादर की लम्बाई-चौड़ाई के हिसाब से अपने शरीर को सिकोड़कर या व्यवस्थित करके लेटना होगा वर्ना चादर से बाहर हाथ-पैर निकालने से आपको ठण्ड लग सकती है। सन्तोषी व्यक्ति हर हाल में खुश रहता है, क्योंकि जितना उसके पास होता है, वह उतने से ही अपना काम चला लेता है।

आप भी हर हाल में तभी प्रसन्न रह सकेंगे, जब आप अपनी हर प्राप्ति या छोटी-बड़ी सफलता के लिए ईश्वर को धन्यवाद देते चलेंगे। अगर आपके पास ढेर सारा रुपया-पैसा है, तो आप यह सोचकर प्रसन्न रहिए कि भगवान ने दीन-दुःखी, परेशान तथा अभावग्रस्त लोगों का कष्ट दूर करने के लिए आपको अतिरिक्त

धन दिया है। उस धन से दूसरों की मदद करके आप उनके दिलों की दुआएँ तथा आशीर्वाद प्राप्त कर सकते हैं।

इसके अलावा अगर आपके पास धन बहुत थोड़ा है या आपके पास धन का अभाव है, आप गरीबी में पल रहे हैं, तो आप यह सोचकर प्रभु को धन्यवाद दीजिए कि भगवान ने आपको धन–माया के फेरे में नहीं डाला वर्ना धन के लोभ में पड़कर आप ईश्वर को याद करना भूल जाते।

दुःख, कष्ट, मुसीबत, रोग, अर्थाभाव में ही ईश्वर की याद आती है। ऐसे हालात अगर आपके जीवन में हैं, तो आपको दुःखी, चिन्तित और परेशान होने के बजाय यह सोचकर प्रसन्न होना चाहिए कि ऐसे हालात पैदा करके भगवान ने आपके लिए आध्यात्मिक उन्नति के द्वार खोल दिये हैं। अगर आपको दुःख, कष्ट होगा, तो आप सुखदाता ईश्वर को अधिक याद कर सकेंगे। अगर आपके पास धन का अधिक संग्रह नहीं होगा, तो आप मुक्तमन से अपना आत्मचिन्तन करने में अधिक समय लगा सकेंगे।

मन से खुशी गायब तब होती है, जब आदमी को कोई चिन्ता या समस्या अथवा इच्छा परेशान करने लगती है। सन्तोष धारण करने वाले व्यक्ति को भला चिन्ता किस बात की ? जब आपका मन अपने जीवन के हालातों से, अपनी प्राप्तियों से, अपनी सफलताओं से प्रसन्न या सन्तुष्ट है, तो चिन्ता और समस्याएँ भला क्योंकर मन में पैदा होंगी ?

सन्तोष का मतलब है– अपनी इन्द्रियों को शान्त और सन्तुष्ट कर लेना। जब आदमी की मन आदि सूक्ष्य इन्द्रियाँ शान्त हो जाती हैं, तो किसी तरह की व्यर्थ इच्छाएँ उसके अन्दर पैदा ही नहीं होती। आखिरकार इच्छाओं की अपूर्णता या अतृप्ति ही तो आदमी के मन को दुःख पहुँचाती है।

परोपकार या परमार्थ की बात हम ऊपर कह चुके हैं। ऐसे नेक प्रयासों का उद्देश्य दूसरों के जीवन को सुखी, उन्नत तथा चिन्तामुक्त बनाना है। जो लोग अपने मित्रों, सहपाठियों, सहकर्मचारियों, सहयोगियों तथा पड़ोसियों की उन्नति को देखकर जलते हैं, वे भला कैसे अपनी जिन्दगी में निर्मल खुशी को पा सकेंगे? अगर आप जीवन की वास्तविक खुशी या आनन्द का अनुभव करना चाहते हैं, तो दूसरों को खुश होते देखकर स्वयं भी खुश होइए, दूसरों की उन्नति या सफलता को देखकर स्वयं भी खुशी का इजहार कीजिए।

मनुष्य एक सामाजिक प्राणी है। न यह अकेला संसार में रह सकता है और न अकेला अपने कार्यों को कर सकता है। पग-पग पर आदमी को अपने परिवार या समाज के लोगों की जरूरत पड़ती है। अपने समाज की दुःख तकलीफों से हम प्रभावित होते हैं तथा हमारी दुःख व तकलीफें हमारे समाज के लोगों पर अपना असर डालती हैं।

यदि हम सोचते हैं कि हम किसी व्यक्ति को कष्ट या दुःख देकर अपना जीवन सुखी बना लेंगे, तो हमारा सोचना एकदम गलत है। भावनाएँ हमारे मन में कभी जिन्दगी की सच्ची खुशी पैदा नहीं कर सकतीं। ऐसी भावनाओं से तो हमको खुशी के बजाय और भी मानसिक कष्ट-दुःख का अहसास होता है। उदार प्रकृति के लोग न तो किसी की तरक्की को देखकर जलते हैं और न किसी को मजा या सबक सिखाने में सुख का अनुभव करते हैं। वे तो दूसरों को अपने समान ही इनसान और भगवान की सन्तान मानते हैं तथा सबके प्रति ममता का भाव रखते हैं। जो लोग दूसरों के प्रति सच्ची सहानुभूति या संवेदना का भाव रखते हैं, वे दूसरों की जिन्दगी के सुख-दुःखों को अपना मानकर चलते हैं तथा दूसरों के हर्ष और शोक में समान रूप से शामिल होते हैं। दुनिया में केवल मनुष्य ही एकमात्र ऐसा प्राणी है, जिसमें दूसरों का दुःख-दर्द महसूस करने की सामर्थ्य होती है। आत्म-सम्पन्न तो अन्य जीव-जन्तु भी होते हैं लेकिन औरों के कष्ट और शोक को वे महसूस कर पाने में असमर्थ होते हैं।

अपनेपन की भावना में जो खुशी आदमी को मिलती है, वैसी अधिक खुशी भला और कहाँ से आसानी से प्राप्त हो सकती है? अपनेपन की भावना यदि व्यक्ति के हृदय में हो, तो पराये भी अपने हो जाते हैं लेकिन घर-परिवार में रहते हुए यदि हम अपने घर के लोगों के साथ परायों जैसा व्यवहार करें या उनको अपना मानकर न चलें, तो ऐसी भावना से अपने भी पराये हो जाते हैं। जिन स्त्री-पुरुषों के अपनी कोई औलाद नहीं होती और वे किसी पराये बच्चे को गोद ले लेते हैं, तो उस पराये बच्चे के साथ भी वे अपनों जैसा व्यवहार करते हैं। उस बालक को अपना ही बेटा मानकर चलते हैं तथा जिन्दगी में उसे कभी किसी प्रकार की तकलीफ नहीं होने देते।

जहाँ अपनापन होता है, वहीं प्यार, सन्तोष और निश्चिन्तता की भावनाएँ पैदा होती हैं, जबकि परायेपन के भाव के कारण आदमी, आदमी से दूर रहने लगता है। परिवार और समाज के लोगों से घुलमिल जाने के बजाय वह एकान्त पसन्द करने लगता है। इस तरह, परायेपन की भावना के कारण व्यक्ति दूसरों से दूर रहकर

अपने-आप में ही कैद होकर रह जाता है। वह संसार में केवल अपने स्वार्थ के लिए ही जीता है, अपने स्वार्थ की पूर्ति के लिए ही दूसरों से व्यवहार करता है। जब दूसरों के दुःख-दर्द या कष्ट को, परेशानी को दूर करने की बात आती है, तो ऐसे लोग बड़ी जल्दी जरूरतमन्द लोगों से या दूसरों से किनारा कर लेते हैं।

यदि आप अपनी जिन्दगी में हमेशा खुश रहना चाहते हैं, तो अपनेपन की भावना को जितना अधिक हो सके, अधिक से अधिक फैलाने का प्रयास कीजिए। जो लोग आपके अपने (घर-परिवार के या नाते-रिश्तेदार) हैं, वे तो आपके हैं ही, लेकिन जिन लोगों को आप पराया या गैर समझते हैं, उनको भी अपना समझने का प्रयास कीजिए।

भारत के प्राचीन ऋषि-मुनियों ने मनुष्य को यही सन्देश दिया है कि केवल हमारा देश ही हमारा नहीं है, बल्कि सारी पृथ्वी ही हमारा कुटुम्ब-परिवार है। सारी पृथ्वी के लोग हमारे अपने हैं, चाहे वे किसी भी धर्म अथवा जाति के क्यों न हों, चाहे वे दुनिया के किसी भी इलाके में क्यों न रहते हों।

आध्यात्मिक दृष्टि से यह बात सच भी है। परमपिता परमात्मा, जिसे हम गॉड, ईश्वर या अल्लाह कहते हैं, वह दुनिया के सभी मनुष्यों का मालिक है। सबका आत्मिक पिता है। सारे संसार की लाखों-करोड़ों मनुष्यात्माएँ एक उसी परमपिता की सन्तानें हैं। इस नाते से विश्व-वसुधा के सभी मानव हमारे भाई-बहन हैं।

यदि ऐसी भाईचारे की भावनाएँ सारे संसार में फैल जायें, तो दुनिया को स्वर्ग बनते अथवा दुनिया में सुख-शान्ति और खुशी फैलते देर नहीं लगेगी।

खुशी : सबकी साझी

पंजाब देश में आज भी साझे चूल्हे का रिवाज है। सारे कुटुम्ब-परिवार का एक ही बड़ा चूल्हा होता है, जिसे "साझा चूल्हा" कहा जाता है। कुटुम्ब या परिवार के सभी लोगों के लिए उसी एक चूल्हे पर खाना बनता है। साझे चूल्हे पर जब घर की औरतें मिलकर खाना बनाती हैं तथा परिवार या कुटुम्ब के सभी लोग मिलकर एक साथ खाना खाते हैं, तो उस खाने की बात ही कुछ और होती है।

जिस प्रकार साझे चूल्हे पर सबका अधिकार होता है, उसी प्रकार हमारे घर-परिवार के अन्दर जो खुशियाँ आती हैं, उस पर भी परिवार के सभी लोगों का हक होता है। खुशी एक ऐसी अनमोल तथा विचित्र-सूक्ष्म वस्तु है, जो किसी एक व्यक्ति की नहीं होती और न ही एक आदमी अपने जीवन में प्राप्त होने वाली खुशी को अपने तक सीमित कर सकता, बाँध सकता या कैद कर सकता है। खुशी जब

आती है, तो वह आदमी के मन के हर कोने को तो हर्षाती ही है, लेकिन हमारे घर परिवार के सभी लोगों तथा मित्रों के हृदयों को भी प्रसन्नता से भर देती है।

जीवन की खुशी गुलाब, चमेली, मोगरा आदि विभिन्न रंग-बिरंगे पुष्पों की सुगन्ध की तरह होती है। जिस प्रकार से फूलों की सुगन्ध को कोई एक व्यक्ति अपनी मुट्ठी में बाँधकर या कैद करके नहीं रख सकता, उसी प्रकार खुशी भी एक व्यक्ति की बन्दिशों में कैद करके नहीं रखी जा सकती। फूलों की सुगन्ध बाँधने या कैद करने के लिए नहीं हुआ करती। पुष्पों की सुगन्ध तो होती ही इसलिए है कि सभी लोग उसका आनन्द उठा सकें। उनके नीरस और उत्साहहीन जीवन में आशा और उत्साह का संचार हो सके।

खुशियों का सूक्ष्म स्वरूप भी ऐसा ही होता है। यदि व्यक्ति का मन सरल हो, तो वह छोटी-सी बात से भी पर्याप्त खुशी पा सकता है। जैसा कि हमने पहले भी कहा है कि सच्ची खुशी के लिए मन की निर्मलता का होना बेहद जरूरी है।

यदि आपका मन मानसिक बुराइयों या विकारों के कारण कठोर नहीं हुआ है, तो एक छोटा-सा चुटकुला भी आपकी जिन्दगी में गुदगुदी पैदा कर सकता है। खुशी पाने के लिए पहले आपको अपना मन सुमन बनाना होगा अर्थात् अपने मन को बेहतर संकल्पों या उज्ज्वल विचारों से सम्पन्न करना होगा।

मन के सुन्दर और शुभभावना-सम्पन्न विचार ही मन की वास्तविक सुगन्ध है। इस प्रकार की दिव्य सुगन्ध मानव के जीवन को हर पल पर उन्नति प्रदान करती है तथा दूसरे लोगों को भी ऐसी खुशबू को पाकर प्रसन्नता मिलती है।

कुछ लोगों का मानना है कि मनुष्य के जीवन की उन्नति और सफलता का आधार उसकी बुद्धि है। कुछ व्यक्ति धन-दौलत को मानव के जीवन के सुख का आधार समझते हैं, लेकिन मेरी नजर में तो मनुष्य का कोमल-निर्मल-शुभभावों से सम्पन्न मन ही उसकी उन्नति का आधार है। जब आपका मन शान्त और सरल होगा, अच्छे विचारों से युक्त होगा तभी आप जिन्दगी की असली खुशी या असली सुख को महसूस कर पायेंगे।

वह धूप जो करोड़ों मील की दूरी का सफर तय करके सूरज से पृथ्वी तक आती है, वह प्रकाश जो सबको प्राप्त होता है, वह हवा जो बिना किसी भेदभाव के सबकी सांसों को जीवन देती है, नदी का कल-कल बहता वह जल जो सबकी प्यास बुझाता है और खेतों को हरा-भरा रखता है, उस पर सभी का अधिकार है। वह किसी एक व्यक्ति के हिस्से का अधिकार नहीं है। खुशी भी इस तरह सभी

की साझी सम्पत्ति होती है। अगर हमारी नजर में खुशी साझी सम्पत्ति न होकर केवल हमारी या किसी और व्यक्ति के हिस्से की दौलत है, तो ऐसा मानना हमारी बहुत बड़ी भूल है।

खुशी बच्चों की निर्मल हँसी की तरह सभी को लाभ देती है। जब बच्चा हँसता–मुस्कराता या खिलखिलाता है, तो वह यह नहीं सोचता कि उसकी मुस्कान या खुशी देखकर उसकी माता या पिता को आनन्द होगा अथवा इससे कोई दूसरा या अपरिचित व्यक्ति लाभ पायेगा। किसी को लाभ देने के लोभ से बच्चा थोड़े ही हँसता या मुस्कराता है। वह तो इसलिए खिलखिलाता है, क्योंकि किसी सोच या विचार की वजह से उसकी आत्मा प्रसन्न हो जाती है।

छोटे–छोटे बच्चे आज तक हँसना–मुस्कराना नहीं भूल पाये हैं लेकिन अधिक उम्र के समझदार लोगों ने हँसना–मुस्कराना छोड़ दिया है। भले ही बहुत सारा धन या रुपया–पैसा उनके दिल को तसल्ली या सन्तोष देता है, जिसको कमाने के चक्कर में वे दिन–रात पागल बने रहते हैं लेकिन इतना सब पाकर भी वे हँस–मुस्करा नहीं पाते, क्योंकि उन्हें इस बात की चिन्ता रहती है कि उनकी हँसी या मुस्कान को देखकर किसी उदास व्यक्ति को थोड़ी–सी खुशी न मिल जाये अथवा जिस व्यक्ति का वे अहित चाहते हैं, जिसको नीचा दिखाना चाहते हैं– उसे उनकी मुस्कान या हँसी देखकर खुश रहना या मुस्कराना न आ जाये।

मनुष्य को अपनी बुद्धिमानी या समझदारी की सजा इसी प्रकार मिल रही है। यद्यपि बुद्धि की सरलता, नासमझी या भोलेपन में अपार खुशी समायी हुई है, लेकिन जब हम अपनी बुद्धि में औरों के प्रति ईर्ष्या, द्वेष, शत्रुता या भेदभाव को मिश्रित कर देते हैं, तो मन की सारी खुशियाँ समाप्त हो जाती हैं। तब यदि व्यक्ति को हँसी आती भी है, तो वह केवल फीके रूप से मुस्कराकर रह जाता है।

अन्य लोगों की नजर में खुशी का अध्याय चाहे जटिल हो, लेकिन मैं तो खुशी के पाठ को मनुष्य के जीवन का सबसे सीधा और सरल रास्ता मानता हूँ। यदि कोई टेढ़ी या चालाक बुद्धि वाला व्यक्ति इस सीधे–सरल रास्ते में प्रवेश करेगा, तो वह खुशी की निश्चित मंजिल पर नहीं पहुँच पायेगा, बल्कि अपनी शैतान बुद्धि, सयानी या चतुर बुद्धि के कारण जीवन के कष्टदायी जंगलों की ओर भटकता जायेगा।

जब जीवन की खुशियों का सुन्दर बगीचा आपके सामने है, तो आप खूँखार जानवरों और काँटों से भरे जंगल का रुख क्यों अपनाते हैं? छोटे–छोटे मासूम बच्चों से आप जीवन के उस खुशियों भरे सीधे पथ पर चलने की शिक्षा लीजिए।

बच्चे बिना किसी बाधा के खुशियों के मार्ग पर प्रतिदिन बढ़ते ही जाते हैं। इसका एक ही मुख्य कारण है। वह यह कि बच्चों के अन्दर आपके मन जैसी क्लिष्टता, दुरूहता, चालाकी या सयानापन नहीं है। वे किसी बात को लेकर अधिक सोच–विचार नहीं करते और न ही चिन्तित होते हैं।

बच्चे अपने जीवन की खुशी को बाँधकर नहीं रखते। वे जब खुश होते हैं, तो खुलकर हँसते और मुस्कराते हैं। सबके सामने अपनी खुशी का इजहार करते हैं। उनको हँसता–मुस्कराता हुआ देखकर अन्य लोगों को भी खुशी मिलती है। बच्चों को हँसता–खेलता देखकर अन्य बच्चे तो खुश होते ही हैं लेकिन अधिक उम्र के हताश, निराश या उदास व्यक्ति को सबसे ज्यादा खुशी का अनुभव होता है।

मुस्कान की जरूरत स्वस्थ व्यक्ति को जितनी है, उससे ज्यादा उन व्यक्तियों को है, जो अपनी जिन्दगी के दर्द, तनाव और चिन्ताओं की वजह से हँस–मुस्करा नहीं पाते हैं। उन्हें शायद भगवान से ही यह आस बँधी रहती है कि भगवान कभी उनकी जिन्दगी के दामन को खुशियों से भर देंगे।

यह सोचना ठीक नहीं है कि जब हमको जिन्दगी में बहुत सारा धन या वस्तुएँ, साधन प्राप्त हो जायेंगे, तब हम खुश रह सकेंगे। क्योंकि जब खुशी का एक साधन मनुष्य को प्राप्त होता है, तो उसका मन दूसरा साधन पाने को करता है। जब आदमी की एक इच्छा पूरी होती है, तो उसके मन में क्रमशः दूसरी तथा तीसरी इच्छाएँ पैदा होती हैं। यदि हम जीवन की खुशियों का आधार इच्छाओं की पूर्ति को मानते हैं, तो इच्छाएँ हमेशा पूरी होने वाली नहीं है। कोई न कोई इच्छा आदमी के मन में अधूरी रह जाती है, जो कि मानसिक अशान्ति अथवा अतृप्ति को जन्म देती है।

पूर्व में हम खुशी के साझेपन की बात कर रहे थे। दरअसल खुशी एक ऐसी अनमोल चीज है, जो कि बाँटने से बढ़ती है। अकेले उपभोग करने से तो खुशी की मात्रा और शक्ति शनैः शनैः कम ही होती जाती है।

दुःख बाँटने से कम होता है : खुशी बढ़ती है

दुःख को अगर हम अपने मन तक ही सीमित रखेंगे, उस पर सोच विचार करते रहेंगे, तो न दुःख घटेगा और न ही खत्म होगा। दुःख का असर तब ही कम हो सकता है, जब इसे दूसरों के साथ बाँटा जाये। अपने घर–परिवार वालों से, अपने शुभचिन्तक लोगों और मित्रों से अपने मन की बात कही जाये। जब तक हम अपने दुःख या कष्ट को दूसरों से कहेंगे नहीं, तब तक हमारे मन के दुःख या कष्ट की

समस्या का कोई भी हल या समाधान नहीं निकल पायेगा।

दुःख तो बाँटने से कम होता है, जबकि खुशी बाँटने से बढ़ती जाती है। अगर हम अपने दिल की खुशी को अपने घर–परिवार या मित्र–मण्डली के किसी एक सदस्य से कहेंगे, तो हमारी बात सुनकर केवल एक व्यक्ति खुश होगा और यदि सबको अपने दिल की खुशी की बात बतायेंगे, तो सभी को खुशी मिलेगी। इस तरह खुशी या प्रसन्नता की लहर हमारे चारों तरफ के माहौल में फैलती चली जायेगी।

कौन–सी चीज देने या बाँटने से कम होती है और कौन–सी चीज बढ़ती है, आइये! निम्नलिखित तालिका से समझने का प्रयत्न करते हैं :–

क्र.सं.	वे चीजें जो देने/बाँटने से घटती हैं	वे चीजें, जो देने/बाँटने से बढ़ती हैं
1.	धन	मन का सन्तोष और शान्ति
2.	भौतिक वस्तुएँ	दया, प्रेम जैसी अभौतिक या सूक्ष्म वस्तुएँ
3.	दुःख	खुशी
4.	शारीरिक ऊर्जा	ज्ञान
5.	अहंकार	
6.	शारीरिक कष्ट	मानसिक आनन्द
7.	देह का रूप–रंग	आत्मक्षमता तथा आत्मविश्वास
8.	भोजन, वस्त्र	सुविचार, सद्गुण
9.	पुस्तकें	पुस्तकों की जानकारियाँ, सन्देश, सम्मान
10.	शील, चरित्र, मर्यादा	उत्साह, शौर्य, पराक्रम

रुपये–पैसे या धन की एक सीमा होती है। लेकिन जो लोग ईमानदारी और परिश्रम से धन कमाते हैं, उनकी आमदनी सीमित ही होती है। जब आदमी अपनी आय के धन को अपनी और अपने परिवार की जरूरतों की पूर्ति के लिए खर्च करता है, तो धन बढ़ने के बजाय घटता ही है। हम

धन को अपने शौक और आराम की चीजों में जितना खर्च करते रहेंगे, धन उतना ही घटता रहेगा।

दूसरी तरफ सन्तोष और मन की शान्ति—दो ऐसी अनमोल चीजें हैं, जो बाँटने या देने से बढ़ती हैं। अगर कोई व्यक्ति अशान्त या असन्तुष्ट है, किसी समस्या से दुःखी या परेशान है, तो आप उसे धीरज दीजिए, सन्तोष दीजिए, उसके मन को शान्तिपूर्ण बनाने का प्रयास कीजिए। अगर आप इस मकसद में कामयाब हो जाते हैं, तो आपके भीतर से आपकी शान्ति और सन्तोष कम न होगा बल्कि आपके अन्दर अपनी शान्ति और सन्तोष में वृद्धि करने वाला एक नया आत्मविश्वास जगेगा।

भौतिक वस्तुएँ, जो मानवनिर्मित होती हैं, उनकी एक निश्चित मात्रा व्यक्ति के पास होती है। जब ऐसी चीजों का दान दिया जाता है, तो ये चीजें क्रमशः घटती या कम होती जाती हैं। दैनिक उपयोग की चीजें या सुख—सुविधाओं की वस्तुएँ इसी प्रकार की हुआ करती हैं। दूसरी तरफ दया, प्रेम जैसी अभौतिक सूक्ष्म वस्तुएँ देने से कम नहीं होतीं, बल्कि इन चीजों में उत्तरोत्तर वृद्धि ही होती जाती है। अगर आप एक असहाय व्यक्ति के प्रति अपने मन में दया रखेंगे, तो आप किसी अन्य जरूरतमन्द या मुसीबत में फँसे व्यक्ति के प्रति अपने मन में रहमभाव जरूर रखेंगे। इस तरह दुनिया में अगर कोई भी लाचार, दुःखी या अभावग्रस्त व्यक्ति होगा, तो आपके हृदय में उसके प्रति दया की भावना अवश्य पैदा होगी। इसी तरह किसी एक व्यक्ति के प्रति अगर हमको सच्चा प्रेम रखना आ जायेगा, तो हमें औरों के प्रति भी प्रेम का बर्ताव करना आ जायेगा। प्रेम दूसरों को देने से कभी कम नहीं होता, बल्कि और बढ़ता ही है और प्रेम देने के बदले में आदमी को खुशियाँ प्राप्त होती हैं।

जब अपने जीवन से दुःख, शोक और सन्ताप की बातें दूसरों से कही जाती हैं, तो इन बातों का भार या बोझ मनुष्य के दिल से कम ही होता है। कोई व्यक्ति अपने मन का दुःख किसी से न कहे, अपने शोक और सन्ताप को अपने अन्दर ही दबाकर रहे, तो इस तरीके से वह कभी भी इन चीजों से मुक्ति प्राप्त नहीं कर सकेगा। दूसरी तरफ खुशियाँ दूसरों को देने से या बाँटने से बढ़ती हैं। विद्या का सूक्ष्म और अविनाशी धन भी देने से कम नहीं होता, बल्कि और बढ़ता ही रहता है। स्कूल और कॉलेजों में शिक्षकगण प्रतिदिन विद्यार्थियों को विद्या का दान देते हैं। उन्हें पाठ्यक्रम से सम्बन्धित नयी—नयी बातें सुनाते रहते हैं। ऐसा करने से उनके मस्तिष्क में विद्या का कोष या खजाना कम नहीं होता, बल्कि उनका विद्या—अनुभव बढ़ता ही जाता है। सम्मान की भी यही परम्परा है। यह कभी किसी से माँगने पर नहीं मिलता। माँगने से तो मान—सम्मान और कम ही होता जाता है लेकिन 'मान'

दूसरों को जितना दिया जाता है, उतना ही हमको यह प्राप्त होता है। इस प्रकार खुशी, विद्या और सम्मान देने या बाँटने से बढ़ते हैं, न कि कम होते जाते हैं।

ज्ञान (ईश्वरीय–ज्ञान या आध्यात्मिक–ज्ञान) विद्या की तरह सूक्ष्म हुआ करता है। जब इसे किसी को दिया या बाँटा जाता है, तो इसमें वृद्धि होती है। दूसरी तरफ शरीर की ऊर्जा या ताकत को जितना काम में लगाया जाता है, उतना ही शरीर की ताकत/ऊर्जा घटती है। यह बात जरूर है कि शरीर के कार्य करने की क्षमता में वृद्धि होती है, लेकिन लगातार कार्य करते–करते आदमी थक भी जाता है। 'ज्ञान' सूक्ष्म और अनन्त वस्तु है, जबकि मानवदेह की ऊर्जा और क्षमता की अपनी एक सीमा है। शारीरिक शक्ति को जरूरत से ज्यादा नष्ट करने पर शरीर में गिरावट या कमजोरी आने लगती है।

शरीर का निर्माण प्रकृति के पंचतत्वों से होता है तथा पंचतत्वों से भी मानवशरीर को भोजन या पोषण प्राप्त होता है। प्रकृति का यह नियम है कि वह जड़ अथवा अचेतन होने के कारण क्षण–क्षण ह्रासशील तथा परिवर्तनशील है। प्रकृति की बनी चीजें अपनी सत–रज–मज अवस्था को प्राप्त होती हैं। प्रकृतिनिर्मित मानव का बालकशरीर सतोगुणी होता है, युवावस्था में वह रजोगुणी हो जाता है तथा वृद्धावस्था में आकर तमोगुणी हो जाता है।

इस प्रकार शरीर से काम करते रहने के कारण मानव का शरीर पहले उत्तरोत्तर बढ़ता है या विकास को पाता है। इसके बाद गिरावट आती जाती है। यदि पूरी उम्र के बजाय एक दिन में मनुष्य के शरीर की शारीरिक शक्ति पर गौर किया जाये, तो हम पायेंगे कि प्रातःकाल उठते ही मनुष्य के शरीर में शारीरिक ऊर्जा भरपूर होती है। इसके बाद दिन के समय अपनी आजीविका सम्बन्धी कार्य करते हुए उसके शरीर की ऊर्जा कम होती रहती है। शाम को आदमी दिन भर के कार्यों से थक जाता है, इसलिए खा–पीकर विश्राम करता है। रात्रि को भोजन और नींद की मात्रा उसके शरीर को फिर से पहले जितनी ऊर्जा और पोषण पहुँचा देती है।

अहंकार को जितना अपने तक सीमित रखा जायेगा, उतना ही वह बढ़ेगा, लेकिन दूसरों के बीच इस बुराई को बाँट देने से या अहंकार का दान करने से, अहंकार में कमी आती जाती है। निमित्त भावना, सरलता और नम्रता आदि गुणों के जरिये अहंकार को दूसरों के बीच बाँटा जाता है। ऐसा करने से अहंकार–भावना में कमी आती है और वह धीरे–धीरे नष्ट होता जाता है।

वैज्ञानिक सिद्धान्त के अनुसार सूर्य के विकिरण या प्रकाश में निरन्तर घटने के बजाय बढ़ने का गुण पाया जाता है। जिस प्रकार से रेडियोएक्टिव

तत्वों के परमाणु निरन्तर विखण्डित होते हुए बढ़ते रहते हैं, उसी प्रकार सूर्य की प्रकाशकिरणों के परमाणुओं में भी लगातार वृद्धि होती रहती है। सूर्य अत्यन्त विशालतम ग्रह है। हजारों करोड़ों वर्षों से वह पृथ्वी पर अपना प्रकाश निरन्तर बिखेरता आया है, फिर भी उसके प्रकाश और तीव्रता में कोई कमी नहीं आने पायी है। भारतीय धर्मशास्त्रों में सूर्य को देवता या देने वाला कहा गया है। वह निरन्तर पृथ्वीवासियों को अपनी रोशनी और ऊष्मा (गर्माहट) देता रहता है। रात्रि के समय जब चारों ओर अन्धकार छा जाता है, तो हम समझते हैं कि सूरज कहीं छिप गया या विश्राम करने चला गया है, लेकिन ऐसा नहीं होता। सूरजदेवता आकाशमण्डल या गगनमार्ग का अविराम पथिक है। वह तो निरन्तर अपना प्रकाश बिखेरता हुआ चलता ही जाता है। पृथ्वी ही दिन के समय अपनी धुरी पर घूमती रहती है। दिन के समय पृथ्वी का जो भाग (पृथ्वी के विभिन्न देश व राज्यों का भू-प्रदेश) सूर्य के सामने होता है, वहाँ सूर्य का प्रकाश और गरमी सीधी पहुँचती है, अतः वहाँ पर दिन होता है, जबकि उसी समय पृथ्वी का आधा हिस्सा सूर्य के विपरीत दिशा में होता है। इस कारण वहाँ सूर्य का प्रकाश न पहुँच पाने के कारण अन्धेरा होता है अथवा रात होती है।

मानसिक आनन्द को जब अपने घर-परिवार के लोगों, पड़ोसियों और मित्रों के साथ मिल-बैठकर बाँटा जाता है, तो इससे आनन्द में और भी ज्यादा वृद्धि होती है, जबकि शारीरिक कष्ट को अपने तक सीमित रखने से या न बाँटने से तकलीफ या दर्द और भी ज्यादा महसूस होता है। अगर हम अपने दुःख या तकलीफ की बात या कष्ट की बात दूसरों को बतायेंगे, तो उनकी सहानुभूति और संवेदना हमको प्राप्त होगी। इससे हमारी शारीरिक पीड़ा कुछ कम होगी।

शरीर के साथ जितना भोग किया जाता है, शरीर के रूप-रंग और शक्ति में उतनी ही गिरावट आती जाती है। शरीर की शक्ति में गिरावट या कमी न आये, शरीर का प्राकृतिक रूपरंग ठीक प्रकार से बना रहे, इसके लिए भारतीय धर्मशास्त्रों में ऋषि-मुनियों द्वारा ब्रह्मचर्य-व्रत के पालन पर जोर दिया गया है।

देह या शरीर की शक्ति का उपभोग करने से या उसको बार-बार काम में लाने से देह की ताकत और रूपरंग का क्षय होता है। दूसरी तरफ आत्मक्षमता और आत्मविश्वास जैसी सूक्ष्म तथा आन्तरिक चीजों को जितना काम में लाया जाता है, इन चीजों में और भी ज्यादा वृद्धि होती है।

आत्मशक्ति या आत्म-क्षमताओं को अगर हम बाँधकर या अपने तक ही सीमित रखकर चलेंगे, तो इनमें कभी भी वांछित विकास या तरक्की होने की सम्भावना नहीं रहेगी।

भोजन और वस्त्र देने से घटते हैं या कम होते हैं, जबकि सद्गुण या सद्विचारों का जितना उपयोग किया जाता है अथवा दूसरों के हित के लिए जितना काम में लाया जाता है, उतना ही उनमें और ज्यादा वृद्धि होती है। तथापि भारतीय धर्मशास्त्रों में ऐसा कहा गया है कि किसी भी प्रकार का दान देने से कम नहीं होता, बल्कि और बढ़ता ही है। दान में भोजन, वस्त्र या धन देने से इन चीजों की दाता व्यक्ति के पास भले ही कमी आ जाती हो लेकिन उसके पुण्य में उत्तरोत्तर वृद्धि होती रहती है। एक निश्चित समयावधि के पश्चात् मनुष्य को उसके दान का फल प्राप्त हो भी जाता है। ऐसा माना जाता है कि व्यक्ति द्वारा दिया गया दान कभी निष्फल नहीं जाता। भगवान मनुष्य को उसके दान–पुण्य या अच्छे कर्मों का फल अवश्य देता है।

दूसरी तरफ सुविचार, सद्गुण और शुभ भावनाएँ ऐसी सूक्ष्म वस्तुएँ हैं, जो देने से कम नहीं होती, बल्कि और बढ़ती ही रहती हैं।

पुस्तकें स्थूल वस्तुएँ हैं और अन्न–धन, भोजन एवं वस्त्र आदि स्थूल चीजों की तरह इनका दान करने पर या किसी को देने पर इन चीजों में कमी आती है, लेकिन पुस्तकों में समाहित ज्ञान, सन्देश और जानकारियों का कभी नाश नहीं हो पाता है। यदि व्यक्ति अपने द्वारा खरीदी गयी पुस्तक को किसी अन्य आदमी को दान में दे दे, तो भले ही वह पुस्तक उसके पास नहीं रहेगी, लेकिन पुस्तक पढ़कर उसने जो अनुभव, ज्ञान या जानकारियों को हासिल किया है, उसका नाश होना या घट पाना असम्भव है। वह ज्ञान व्यक्ति जितना दूसरों को देगा या समाज में बाँटेगा, उतनी ही उसके ज्ञान–अनुभव में और भी ज्यादा वृद्धि होती जायेगी।

सद्विचार और ज्ञान ऐसी सूक्ष्म चीजें हैं, जो मनन–चिन्तन के जरिये वृद्धि को पाती हैं। एक लेखक तथा बुद्धिजीवी मनुष्य विभिन्न विषयों की पुस्तकों से ज्ञान प्राप्त करता है, जीवन के विविध क्षेत्रों में महत्वपूर्ण मामलों पर विचार–विमर्श करते समय तथा कोई अच्छी पुस्तक लिखते समय वह उस ज्ञान का उपयोग करता है। इस प्रकार ज्ञान को बाँटने या देने से उसका ज्ञान कम नहीं हो जाता, बल्कि उसके ज्ञान–अनुभव की नींव और भी ज्यादा मजबूत होती जाती है।

भारतीय धर्म, दर्शन एवं अध्यात्म में तीन वस्तुओं को मानव के जीवन के लिए सबसे अनमोल माना है– (1) शील (2) चरित्र, तथा (3) मर्यादा। जब तक व्यक्ति के पास ये चीजें रहती हैं, तब तक उसके परिवार और समाज के बीच उसकी इज्जत बनी रहती है, लेकिन इनके घट जाने या लुट जाने से आदमी की मान–प्रतिष्ठा धूमिल हो जाती है।

मनुष्य संसार के अन्य जीव–जन्तुओं से इसी मामले में भिन्न है कि उसके पास शील, चरित्र तथा मर्यादा– ये तीनों चीजें होती हैं, जबकि जानवरों या पशु–पक्षियों के अन्दर इन गुणों का अभाव पाया जाता है। ऐसी बात नहीं है कि सभी जानवर शैतान या हिंसक प्रवृत्ति के होते हैं। गाय और खरगोश आदि जीव तो बड़े शान्त स्वभाव वाले होते हैं लेकिन उनको अपने चारित्रिक और नैतिक मूल्यों की, अपनी मर्यादा, कर्तव्यबोध एवं शीलता की अधिक समझ नहीं होती है।

उत्साह दूसरों को बाँटने से बढ़ता है, वीरता चारों ओर फैलाने से बढ़ती है। इसी प्रकार युद्ध में किसी सैनिक का पराक्रम देखकर अन्य सैनिकों के पराक्रम में भी वृद्धि होती है। उत्साह, शौर्य और पराक्रम को यदि अपने आप तक सीमित करके देखा जायेगा तो इनमें कभी बढ़ोत्तरी नहीं होने पायेगी।

इस प्रकार जो–जो चीजें देने अथवा बाँटने से बढ़ती हैं, वे प्रायः स्थूल या भौतिक वस्तुएँ न होकर हमारी अन्तरात्मा से जुड़ी हुई चीजें ही होती हैं। ये चीजें हमारी खुशी को बढ़ाने में काफी मदद करती हैं। यथा–

वस्तुएँ जो देने या बाँटने से कम होती है | वस्तुएँ जो देने या बाँटने से बढ़ती है

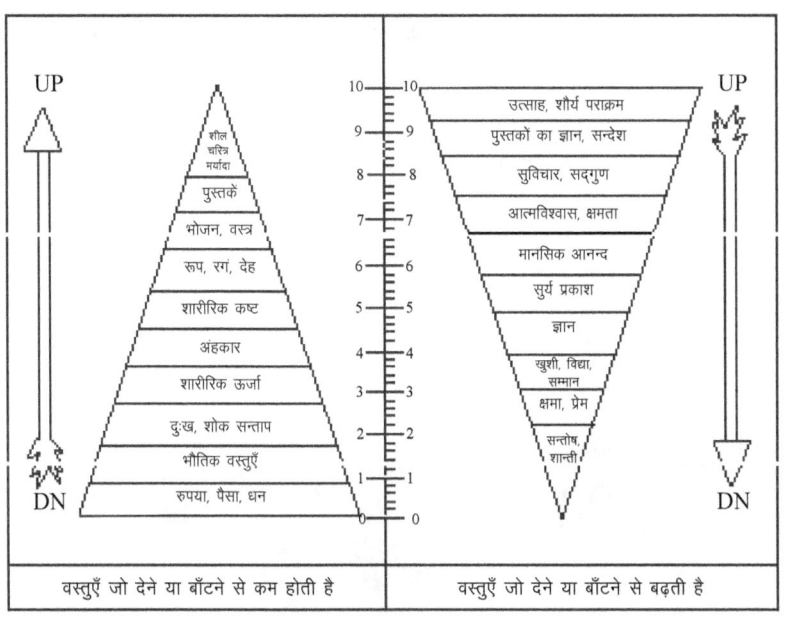

➤	सन्तोष	➤	मानसिक आनन्द
➤	दया	➤	आत्म क्षमता
➤	शान्ति	➤	आत्मविश्वास
➤	प्रेम	➤	सद्विचार
➤	विद्या	➤	सद्गुण
➤	सम्मान	➤	पुस्तकों की शिक्षाप्रद बातें
➤	ज्ञान	➤	उत्साह
➤	शौर्य	➤	पराक्रम

अपने जीवन की खुशी बढ़ाने का, खुशी को हमेशा कायम रखने का पहला उपाय यह है कि आप अपने मन की, जीवन की खुशी को सभी के साथ बाँटना सीखिए। इससे आप लम्बे समय तक अपनी खुशी को अपने पास कायम रख पायेंगे। दया, प्रेम, सन्तोष, ज्ञान, उत्साह और आत्मविश्वास ऐसी अनमोल वस्तुएँ हैं, जो पग-पग पर आदमी को जीवन में नयी खुशियाँ प्रदान करती हैं।

✻✻✻

दूसरा कदम

ईर्ष्या न करें

सदा खुश रहने का दूसरा नियम यह है कि आप किसी से ईर्ष्या या द्वेष न रखें। ईर्ष्या का मतलब होता है– अपने मन में किसी के प्रति जलन रखना अथवा किसी की उन्नति को देखकर जलना।

यदि हम किसी आदमी द्वारा कमायी गयी अथवा संचित की गयी धन–दौलत को देखकर, उसके द्वारा उपभोग की जाने वाली महँगी वस्तुओं या भौतिक सुख–सुविधाओं को देखकर जलते हैं, तो इसका मतलब यह है कि हमें अपनी प्राप्तियों से सन्तोष नहीं है। हमने खुद जो मेहनत से कमाया है, वह हमें कम या अपर्याप्त लगता है। हम सोचते हैं कि अगर हमारे पास भी हमारे मित्र, रिश्तेदार या पड़ोसी के बराबर धन होता, तो शायद हम ज्यादा सुखी हो गये होते।

परन्तु मनुष्य को सुख ज्यादा से ज्यादा धन अर्जित करने से नहीं मिलता। मन का सुख या मन की खुशी तो मन के समझौते का, मन के धीरज, सन्तोष, शान्ति और सन्तुलन का नाम है। जो व्यक्ति अपने आपसे सन्तुष्ट है तथा अपनी प्राप्तियों से खुश है, वही जिन्दगी में हर हाल में खुश रह सकता है।

ऋषि–मुनियों ने काम, क्रोध, लोभ, मोह तथा अहंकार आदि पाँच विकारों को नर्क के दरवाजे या पतन के द्वार बताया है। ईर्ष्या या जलन की गणना इन पंच शत्रुओं के अन्तर्गत नहीं की गयी है, लेकिन ईर्ष्या इन सभी बुराइयों का मिला–जुला परिणाम ही होती है। ईर्ष्या का निर्माण करने में 'लोभ' नामक मनोविकार की तो अहम् भूमिका रहती है, लेकिन अहंकार और क्रोध का भी इसे बढ़ाने में कम योगदान नहीं रहता है।

ईर्ष्या का सम्बन्ध निम्नांकित चीजों से होता है :–

(1) प्रमुखतः धन–दौलत या रुपया–पैसा

(2) बाजार से खरीदा गया कीमती सामान (महँगा तोहफा, गहने, कीमती क्रॉकरी)

(3) कृत्रिम उपकरण (फ्रिज, होम थिएयटर, कम्प्यूटर, ए.सी.)

(4) वाहन, बंगला (कार, मोटरसाइकिल, आलीशान घर)

(5) किसी की दैहिक सुन्दरता (प्रायः स्त्रियों में)

(6) शरीर का बलवान या पुष्ट होना (प्रायः पुरुषों में)

इस तरह की वस्तुओं को लेकर ईर्ष्या के शिकार केवल पुरुष लोग ही नहीं होते, वरन् स्त्रियाँ भी होती हैं। यदि किसी स्त्री की देवरानी या जिठानी, पड़ोसिन, दूर या निकट की रिश्तेदार, कोई सहेली अपने शरीर पर कीमती जेवर पहनने लगती है, तो उसे मन ही मन उस अलंकृत स्त्री से ईर्ष्या होने लगती है। भले ही एक बार के लिए वे सोने–मोती के जेवर भीतर से नकली ही क्यों न हों, लेकिन ईर्ष्या का शिकार महिला सोचती है कि उसके पति ने कैसे उसे इतने महँगे गहने लाकर दे दिये? इतना रुपया उसके पास कहाँ से आया? ऐसे ही व्यर्थ सोच–विचार में स्त्रियाँ चिन्तित रहने लगती हैं। मेले में जाकर जब कोई स्त्री अपनी रसोई के लिए महँगी क्रॉकरी या कीमती सामान खरीद कर ले आती है, तो उसे देखकर उसकी कई पड़ोसिनों को ईर्ष्या होने लगती है।

इसके पास महँगे सामान खरीदने के लिए कहाँ से धन आया, उसने कैसी–कैसी मेहनतें करके वह धन कमाया, इसके बारे में हम लोग कम सोचते हैं। हमारे चिन्तन या चिन्ता का मुख्य विषय तो यही होता है कि धन क्यों उसके पास आया?

किसी के पास अधिक या ढेर सारा धन क्यों आया? यह प्रश्न किसी भी समस्या का हल या समाधान नहीं हो सकता। यह प्रश्न तो हमारे मन के लिए कई सारी मुसीबतें ही पैदा करता है, क्योंकि इस जटिल या टेढ़े प्रश्न का कोई भी सीधा–सा उत्तर नहीं है।

ईर्ष्यालु आदमी इस पर विचार नहीं करता कि धन या वस्तुएँ किसी व्यक्ति ने किस–किस प्रकार से इकट्ठी की हैं। वह तो इसी टेढ़े प्रश्न में उलझा रहता है कि धन और कीमती चीजें अगर किसी के पास आयीं तो क्यों आयीं?

''क्यों ?'' एक ऐसा टेढ़ा प्रश्न है, जिसका जवाब देना हर किसी के लिए मुश्किल की बात हो सकती है, लेकिन ''कैसे ?'' नामक प्रश्न का उत्तर कोशिश करके या श्रम करके दिया जा सकता है ?

"यह सृष्टि या संसार क्यों बना ?" क्या आपके पास या किसी के भी पास इस सबसे बड़े या महान प्रश्न का उत्तर है ? बड़े-बड़े दार्शनिक और विद्वान मनीषी भी इस जटिल प्रश्न का सम्पूर्ण उत्तर पूरी तरह से नहीं ढूँढ़ पाये हैं, लेकिन पुरातत्वविदों, भूगोलशास्त्रियों, वैज्ञानिकों और इतिहासकारों ने "यह सृष्टि या संसार कैसे बना ?"– इस प्रश्न का उत्तर अवश्य अपने हिसाब से खोज लिया है।

जब आदमी का स्वभाव दूसरों से ईर्ष्या करने का हो जाता है, तो वह आये दिन इस प्रकार के जटिल प्रश्नों से घिरा रहता है–

(1) मेरा पड़ोसी इतना धनवान या पैसे वाला क्यों है ?
(2) वह स्त्री मुझसे ज्यादा गोरी और सुन्दर क्यों है ?
(3) उसके पास इतने सारे कीमती गहने क्यों हैं ?
(4) उसके तीन या चार पुत्र क्यों हैं ?
(5) वह नयी मोटरसाइकिल या कार क्यों ले आया ?
(6) उसकी देह मुझसे अधिक पुष्ट या सबल क्यों है ?
(7) मेरे पड़ोसी के पास महँगा सोफासेट, महँगे कीमती पर्दे, आलीशान घर, सुन्दर बिस्तर आदि क्यों हैं ?

प्रायः ईर्ष्यालु व्यक्ति इस तरह के विषयों में "क्यों ?" लगाना पसन्द करते हैं। अगर वे "कैसे ?" का इस्तेमाल करने लगेंगे, तो उनकी ईर्ष्या की समस्या ही शनैः शनैः समाप्त हो जायेगी। कारण, जैसा कि मैंने पहले बताया, "क्यों ?" नामक जटिल या टेढ़े प्रश्न का कोई सीधा-सा जवाब नहीं है, जबकि "कैसे ?" नामक-प्रश्न की खोजबीन करके, तथ्यों की गहराई में जाकर उसका उत्तर प्राप्त दिया जा सकता है।

यदि ईर्ष्यालु व्यक्ति यह सोचने लग जायेगा कि किसी के पास इतनी धन-दौलत कैसे या कहाँ से आयी ? किसी का रूप-रंग इतना सुन्दर कैसे बना ? किसी ने बंगला-गाड़ी कहाँ से और कैसे खरीदी अथवा प्राप्त की ? उसके पास घर में अन्य कीमती सामान, जेवर आदि कहाँ से आये, तो इस प्रकार के चिन्तन से खुद ही वह अपने प्रश्नों का उत्तर तलाशने लग जायेगा। जैसे ही उसे अपने इन प्रश्नों का उत्तर मिलता जायेगा, उसके मन की ईर्ष्या दूसरे व्यक्ति के प्रति कम होती जायेगी।

लेकिन दुर्भाग्य से ऐसा नहीं हो पाता है। ईर्ष्यालु व्यक्ति के सामने "कैसे?" या "कहाँ से?" के बजाय "क्यों ?" नामक प्रश्न का चक्रव्यूह या भयंकर जाल एक

शिकंजा बनकर छा जाता है, जिसमें आदमी असहाय—सा फँसकर रह जाता है।

क्यों? क्या ? कैसे ? कहाँ से ? आदि प्रश्नों के चक्रव्यूह में न उलझें। जब हमारे मन में किसी व्यक्ति के प्रति ईर्ष्या पैदा हो जाती है, तो कई प्रकार के प्रश्न हमारे दिमाग में शोर, अशान्ति या ऊधम मचाने लगते हैं।

'क' अक्षर से जुड़े हुए ये सभी प्रश्नचिह्न कलियुग के सारे अनर्थों की जड़ है। 'क' से ही कलियुग की शुरूआत होती है और 'क' से ही कुकर्म और कुप्रवृत्तियों की लीला शुरू होती है। जब आदमी के मन के कोने में कहीं से ईर्ष्या घुस आती है, तो 'क' अक्षर से जुड़े हुए ये विभिन्न सवाल उसके मन में परेशानी या तनाव पैदा करने लगते हैं। जब आदमी को अपने इन जटिल प्रश्नों का उत्तर नजर नहीं आता, तो वह अपने आप में कुण्ठित, निराश या हताश हो जाता है।

ईर्ष्यालु व्यक्ति के मन के विभिन्न प्रश्न

ईर्ष्या प्रायः किसी दूसरे (परिचित) व्यक्ति की उन्नति या सुख को देखकर की जाती है। जो सुख हमारे पास नहीं है, जो सुविधाएँ हमको अपने जीवन में प्राप्त नहीं हैं, जब हम उनको अपने किसी पड़ोसी, मित्र, रिश्तेदार के पास देखते हैं, तो हमें उसके सुख से, उसकी प्राप्तियों से ईर्ष्या होने लगती है। उस समय हम अविवेक या अज्ञानता के कारण मनुष्य के कर्मफल के सिद्धान्त को एकदम भूल जाते हैं।

कर्मफल के सिद्धान्त से ''क्यों? क्या?'' के चक्रव्यूह से मुक्ति

यदि ईर्ष्यावश हमारे दिमाग में किसी व्यक्ति के सुख को लेकर कई प्रकार के प्रश्न (क्यों, क्या, कैसे, कहाँ से) उठने लगें, तो हमें भारतीय धर्मशास्त्र और दर्शन की परम्परा के अनुसार कर्मफल के सिद्धान्त पर विचार करना चाहिए।

''कर्मफल सिद्धान्त'' भारतीय-संस्कृति का मूल सिद्धान्त है। इस सिद्धान्त के अनुसार मनुष्य को उसके अच्छे या बुरे कार्यों का फल अवश्य मिलता है। अच्छे कर्मों का फल या नतीजा हमेशा अच्छा ही होता है, जबकि बुरे कर्मों का परिणाम व्यक्ति को बुरा या अशुभ ही भुगतना पड़ता है।

आज अगर हमारे किसी परिचित व्यक्ति (पड़ोसी, रिश्तेदार या मित्र) ने ज्यादा धन दौलत अथवा सुख-सुविधाओं के अनेक साधनों को इकट्ठा कर लिया है, तो इसमें किसी प्रकार के चमत्कार या अनहोनी की बात नहीं है। यह तो उस आदमी के पिछले कर्मों का परिणाम है। अगर कोई व्यक्ति इस संसार में सुखी है, तो वह अपने पूर्वकृत अच्छे कर्मों या सुकर्मों के कारण सुखी है। सुख-सुविधाएँ, धन-दौलत, सुन्दर और आज्ञाकारी सन्तान, सुन्दर और वफादार पति/पत्नी, वाहन, आलीशान भवन इत्यादि मनुष्य के जीवन के सुख या खुशी के प्रतीक हैं, और ये सभी चीजें तभी प्राप्त होती हैं, जब अपने पिछले जीवन में या पूर्वजन्म में आदमी ने कुछ पुण्य, नेककर्म या शुभकार्य किये होते हैं।

भारतीय मनीषियों का कथन है कि मनुष्य जो कर्म करता है, वह एक न एक दिन अपना फल या रंग अवश्य दिखाता है, फिर चाहे आदमी को अपने पिछले सुकर्मों का फल शीघ्र या देरी से क्यों न मिले?

भारतीय-संस्कृति मानव के पूर्वजन्म में विश्वास रखती है। हमारे यहाँ यह माना जाता है कि आदमी का वर्तमान जीवन उसके पिछले जन्म के कर्मों का परिणाम है। आज यदि कोई आदमी सुखी है, तो वह अपने द्वारा किये गये पिछले जन्म के सुकर्मों, परोपकार या पुण्यकर्मों के कारण ही सुखी होता है। इसके अलावा अगर

कोई आदमी आज अपनी जिन्दगी में रोग की पीड़ा, कष्ट, अभाव, तनाव या दुःख पा रहा है, तो इसका मूल कारण उसके द्वारा पिछले जन्म में किये जाने वाले दुष्कर्म या अनर्थ कर्म ही हैं।

ईर्ष्या से मुक्ति हमको दो तरीकों से मिल सकती है–

(अ) या तो हम मनन–चिन्तन अथवा विचार–मन्थन के जरिये मन की ईर्ष्या से जुड़े "क्यों ? क्या ?" जैसे प्रश्नों का हल प्राप्त कर लें, अथवा

(ब) मानव के कर्मफल के सिद्धान्त को समझकर मन में सन्तोष धारण कर लें।

चूँकि पहला उपाय बड़ा ही जटिल, कठिन और श्रमसाध्य है, दूसरे इस उपाय के फलस्वरूप भी यह कहना निश्चित नहीं है कि आपको ईर्ष्या से पूर्णतः मुक्ति प्राप्त हो जायेगी ? क्योंकि "क" अक्षर से जुड़े हुए सारे सवाल ऐसे हैं, जो एक के बाद एक, अन्य कई सवालों को पैदा करते हैं।

हाँ, मानव के "कर्मफल का सिद्धान्त" आपके मन को ईर्ष्या से पूर्णतः मुक्त बनाने में जरूर कारगर साबित हो सकता है। इस सिद्धान्त के जरिये ईर्ष्यालु व्यक्ति को इस प्रकार की बातें समझ में आने लगती हैं:–

(1) अगर मेरा पड़ोसी मुझसे ज्यादा धनवान है, तो इसका कारण यही है कि उसने पिछले जन्म में परमार्थ या परोपकार में अपना धन लगाया है। अगर मैं भी दूसरों की भलाई के लिए इस जन्म में रुपये–पैसे का दान दूँगा, तो मुझको भी अगले जन्म में भगवान ढेर सारी धन–दौलत बख्शेंगे। गुप्तदान का फल गुप्तधन मिलना तथा प्रत्यक्षदान का फल प्रत्यक्षधन का मिलना होता है।

(2) अगर कोई मुझसे ज्यादा खूबसूरत है, तो मैं भला उससे ईर्ष्या क्यों करूँ? ईर्ष्या करने से तो मुझमें सुन्दरता नहीं आ जायेगी? इससे तो मेरा खून और ही जलेगा तथा मेरी सूरत और ही ज्यादा बिगड़ेगी या खराब होगी। सुन्दरता भी मनुष्य के सद्गुणों और अच्छे कर्मों का, अच्छे विचारों का परिणाम है। मेरा रंग–रूप भले ही आज ज्यादा साफ–सुन्दर नहीं है, लेकिन अगर मेरे विचार सुन्दर व श्रेष्ठ होंगे, सबके प्रति मेरा व्यवहार मधुर तथा नम्र होगा, तो सब मुझे अच्छा कहेंगे, सब मुझे चाहेंगे। चमड़ी को गोरा बनाने के बजाय मुझे अपनी आत्मा को सुधारने का प्रयास करना चाहिए। अपने मन को सुन्दर बनाना चाहिए। इस जन्म में अगर

मैं अनेक सद्गुण–सद्विचार धारण करने की तथा मन को सुन्दर बनाने की साधना कर लूँगा, तो अगले जन्म में भगवान मुझको अवश्य सुन्दर काया (शरीर) बख्श देंगे।

(3) अगर मेरे पड़ोसी, रिश्तेदार या मित्र के घर में जीवन की ढेर सारी सुख–सुविधाएँ, खाने–पीने और मनोरंजन का बहुत सारा कीमती सामान, कीमती कपड़े तथा गहने हैं, तो इसका कारण यही है कि उसने बहुत मेहनत और लगन से अपना काम किया है। अपने द्वारा कमाये गये धन को नशीली वस्तुओं और व्यर्थ के शौक–आराम में बर्बाद नहीं होने दिया। अगर मुझे भी अपने लिए तथा अपने घर–परिवार के लोगों के सुख–लाभ के लिए कुछ जरूरी चीजें घर में इकट्ठी करनी हैं, तो मुझे भी परिश्रम से अपनी कमाई करनी होगी। भौतिक समृद्धि हमेशा ही बेईमान और झूठ–कपट का परिणाम नहीं होती।

4. अगर किसी के पास मोटरकार है, तो इसका मतलब यह नहीं है कि मेरे पास भी कार होनी चाहिए। मुझे दूसरे की कार से ईर्ष्या क्यों करनी चाहिए ? मुझे तो अपनी आमदनी और बजट के हिसाब से ही चलना चाहिए। अगर मेरे पास कार का पैट्रोल खरीदने के लिए पर्याप्त धन नहीं है या कार को रखने लायक जगह मेरे घर में नहीं है, तो कार खरीदने के बारे में मेरा सोचना व्यर्थ ही है। मुझे तो बाजार से ऐसी चीजें खरीदनी चाहिए, जिससे मेरा दिवाला न निकल जाये, मैं निर्धन न हो जाऊँ। महँगी कार खरीदने के बजाय धन को बैंक में जमा करना ही ठीक रहेगा, क्योंकि हारी–बीमारी या वक्त–जरूरत के समय वही धन मेरे और मेरे परिवार के काम आ सकेगा, कार नहीं। हाँ, जब कार खरीदने लायक तथा उसका पैट्रोल खरीदने लायक धन मेरे पास होगा तथा कार रखने की जगह भी घर में होगी, तब मैं कार खरीदूँगा। बिना बात किसी की कार देखकर मैं किसी से ईर्ष्या क्यों करूँ अर्थात् अपने मन को दुःखी क्यों करूँ?

(5) अगर किसी का घर बहुत बड़ा, भव्य, सुन्दर और आलीशान है, तो मैं उस आदमी के घर के कारण उस आदमी से ईर्ष्या क्यों करूँ ? शास्त्रों में कहा गया है कि जब व्यक्ति अपने घर में निराश्रितों, बेसहारों को आश्रय या सहारा देता है, तो अगले जन्म में भगवान उसको अच्छा घर देता है। घर

का सुख उस आदमी को प्राप्त होता है। अगर कोई व्यक्ति अपने भव्य और सुन्दर घर के अन्दर सुखी है, तो इसका कारण उसके पूर्वजन्मों के सुकर्म या पुण्य कर्म भी हैं। अगर मैं भी नेक कर्म करूँगा, परोपकार या सबका भला करूँगा, असहाय और निराश्रितों की मदद करूँगा, तो भगवान मुझको भी अच्छे घर का सुख अगले जन्म में देंगे। अगर मेरे पास अच्छा घर नहीं है, तो मुझे दूसरों का आलीशान मकान देखकर ईर्ष्या नहीं करनी चाहिए, क्योंकि इससे अच्छा घर मुझे मिलने वाला नहीं है। इसके बजाय मुझे धन कमाने में अधिक मेहनत करनी चाहिए तथा अच्छा घर खरीदने के लिए अभी से धन की बचत करना शुरू कर देना चाहिए। तभी एक दिन मुझे अपने परिवार के लिए सुख का मकान खरीदने में आसानी हो सकेगी।

सुखमय घर केवल ईंट की दीवारों से नहीं बनता। घर का असली सुख तभी मिलता है, जब घर में प्रेम–प्यार, सहयोग, आदर–सत्कार की भावना हो। भले ही मेरा घर छोटा है, तो छोटा ही सही। मुझे दूसरों के भव्य बड़े घरों को देखकर ईर्ष्या नहीं करनी चाहिए। मैं अपने छोटे से घर में अपने परिवार के बीच प्रेम–सद्भावना और सहयोग का माहौल पैदा करूँगा। अपने छोटे से घर में स्वर्ग जैसी सुखमय दुनिया बसाऊँगा।

इस तरह के सकारात्मक चिन्तन से मन की ईर्ष्या–भावना स्वतः ही नष्ट या दूर हो जाती है। जैसा कि मैंने पहले भी कहा है, मानव के अज्ञान, अविवेक या नासमझी के कारण ही उसके मन में दूसरों के सुखी जीवन के प्रति ईर्ष्या या जलन पैदा होती है, लेकिन इस प्रकार की ईर्ष्या या जलन को मन में रखने से उसे तत्काल या बाद में भी किसी प्रकार का लाभ नहीं मिल पाता है।

ईर्ष्या से हानियाँ

काम, क्रोध, लोभ, मोह तथा अहंकार आदि मनोविकारों की तरह ईर्ष्या भी एक मनोविकार या बुराई है तथा इससे आदमी को किसी प्रकार का लाभ तो नहीं होता, उल्टे कई प्रकार का नुकसान ही उसे उठाना पड़ता है।

ईर्ष्या से मनुष्य को अपने जीवन में किस–किस प्रकार की हानियाँ होती हैं, आइये! क्रमबद्ध रूप से जानने का प्रयास करते हैं :–

(1) जब व्यक्ति के मन में किसी अन्य व्यक्ति के प्रति ईर्ष्या उत्पन्न होती है, तो वह आदमी के दिन का चैन तथा रातों की नींद उड़ा देती है।

ईर्ष्यावश मनुष्य अपनी उन्नति के बारे में नहीं सोच पाता। उसे हमेशा दूसरे की सुख–सुविधाओं का ख्याल रहता है कि उनके पास इतनी सारी धन–दौलत, गहना, कार, बंगला कहाँ से आये? इस तरह के व्यर्थ विचारों के मनन–चिन्तन से उसका वक्त ही बर्बाद होता है।

(2) जैसा कि कहा गया है– ईर्ष्यालु व्यक्ति व्यर्थ के सोच–विचारों में डूबा रहने के कारण अपनी जिन्दगी के अनमोल समय को यों ही बर्बाद कर देता है।

(3) ईर्ष्या के कारण आदमी बिना बात ही दूसरे व्यक्ति का विरोध करने लगता है।

(4) वह अकारण ही दूसरे व्यक्ति से अपनी दुश्मनी बाँध लेता है।

(5) ईर्ष्यावश व्यक्ति अन्य को छोटा या नीचा दिखाना चाहता है।

(6) अपने को श्रेष्ठ समझ कर वह बात–बात पर दूसरों का अपमान और तिरस्कार करता है।

(7) ईर्ष्या जब अपनी चरम सीमा पर पहुँच जाती है, तो व्यक्ति दूसरे का बड़े से बड़ा अहित और उसकी हत्या तक कर डालता है।

(8) ईर्ष्यालु व्यक्ति दूसरे को नुकसान पहुँचाने के लिए मन ही मन खतरनाक षड़यन्त्र रचता रहता है। इस प्रकार ईर्ष्या षड़यन्त्रों को जन्म देती है।

(9) ईर्ष्या के कारण न तो आदमी को तेज भूख लगती है और न उसका खाना ठीक तरह से पच ही पाता है।

(10) ईर्ष्या मानव के मन के सन्तोष, शान्ति और धीरज का हरण कर लेती है।

यह बात ठीक है कि ईर्ष्या के आ जाने से आदमी के शान्त मन में एक प्रकार की खलबली या हलचल मच जाती है। ईर्ष्या की छोटी–सी हलचल कभी–कभी आदमी के दिमाग में बहुत बड़ा तूफान खड़ा कर देती है। ईर्ष्या से ग्रसित आदमी को ऐसा लगने लगता है कि किसी दूसरे व्यक्ति ने मुझको चैलेंज दिया है अथवा मेरे जीवन को चुनौती दी है। यद्यपि उसको कोई चुनौती देता नहीं है, फिर भी उसे ऐसा लगता है कि जितनी सुख–सुविधाएँ या धन दूसरे के पास हैं, मेरे पास उससे ज्यादा होना चाहिए। अधिक धन, वस्तुएँ और सुविधाएँ पाने के चक्कर में आदमी कभी–कभी अविवेकपूर्वक ऐसे गलत कार्य कर बैठता है, जो उसको नहीं करने चाहिए थे।

ईर्ष्या मनुष्य के शारीरिक तथा मानसिक स्वास्थ्य पर प्रतिकूल प्रभाव डालती है। ईर्ष्यालु व्यक्ति रात-दिन दूसरों की सुख-सुविधा के बारे में सोच-सोचकर अपने दिल को जलाता रहता है। ईर्ष्या के चक्कर में वह ठीक ढंग से खाना-पीना भूल जाता है। उसे हर समय दूसरे की चिन्ता लगी रहती है। इस कारण भोजन के समय उसका मन एकाग्र नहीं रह पाता और उसे भूख कम लगती है। अच्छा भोजन खा लेने पर भी उसे मन का सन्तोष या तृप्ति प्राप्त नहीं होती। ईर्ष्या से उत्पन्न हुई बैचेनी के कारण उसकी पाचनशक्ति भी ठीक प्रकार से अपना काम नहीं कर पाती है। उसके द्वारा खाया गया या ग्रहण किया गया अन्न पूरी तरह पच नहीं पाता है। इस कारण उसके शरीर और मस्तिष्क में कमजोरी-सी बनी रहती है।

अपनी ईर्ष्या की पूर्ति के लिए आदमी जी-तोड़ परिश्रम तो करता है, लेकिन अपनी मनोकामनाएँ पूरी न होते देख, वह जल्दी ही अपने काम से हिम्मत हार जाता है। आगे चलकर वह अपने कार्य में पूरा मन नहीं लगा पाता तथा थोड़े से प्रयास से अधिक सफलता (अधिक धन, वस्तुएँ या सुख-सुविधाओं की चीजें) पाने का प्रयास करता है।

आज आदमी का ईमान और स्वभाव इस प्रकार का हो गया है कि उसे वही व्यक्ति प्यारा लगता है, जिससे उसका कोई स्वार्थ सधता हो या उसको किसी प्रकार का लाभ मिलता हो। जिन व्यक्तियों की उन्नति या सुख-साधनों से उसको कोई लाभ नहीं मिलता, उनसे मनुष्य को ईर्ष्या होने लगती है। बात-बात पर वह उन लोगों की बातों का, उनके इरादों और जीवन-उद्देश्यों का विरोध करने लगता है।

ईर्ष्यालु व्यक्ति कहीं भी सन्तोष से नहीं रह पाता। दूसरों के सुख-वैभव को देखकर उसे अपनी सुख-सुविधाएँ, वस्तुएँ और धन कम लगने लगता है। व्यक्तिगत असन्तोष से अशान्ति और अधैर्य की उत्पत्ति होती है।

अपने-आपको ऊँचा या श्रेष्ठ साबित करने के लिए, अपने-आपको जिन्दगी की दौड़ में विजयी बनाने के लिए वह दूसरों के प्रति क्या-क्या हथकण्डे नहीं अपनाता, क्या-क्या षड़यन्त्र नहीं रचता। लेकिन इतना सब प्रयास करने के पश्चात् भी, जीवन की दौड़ में दूसरों को गिराकर या हराकर भी वह कुछ अच्छा हासिल नहीं कर पाता है।

ईर्ष्यालु व्यक्ति शुरू से लेकर अन्त तक भारी तनाव से घिरा रहता है तथा अन्दर से खाली का खाली रहता है। वह किसी के साथ कुछ अच्छा करना भी चाहता है, लेकिन शीघ्र ही ईर्ष्या उसको उस व्यक्ति का विरोधी बना देती है।

ईर्ष्या : एक स्त्री-संस्कार

यद्यपि विभिन्न व्यापारियों, उद्योगपतियों और पड़ोसी पुरुषों के बीच ईर्ष्या का स्वभाव देखा जाता है, लेकिन ऐसे संस्कार समाज में पुरुषत्व की पहचान नहीं माने जाते। ईर्ष्या एक ऐसा मनोविकार या कुसंस्कार है, जो पुरुषों के बजाय स्त्रियों में अधिक पाया जाता है। महिलाओं को दूसरी स्त्रियों का रूप-रंग और गहने देखकर बहुत जल्दी ईर्ष्या हो जाती है। ठीक उसी प्रकार जैसे पुरुषों को बहुत जल्दी क्रोध और अहंकार आ जाता है। गुस्सा और अभिमान कलियुगी जगत में पुरुषों के हथियार बन गये हैं और स्त्रियाँ ईर्ष्या के कारण एक-दूसरे को अपना विरोधी, प्रतिद्वन्द्वी समझती हैं।

पुरुषों को तो यही सोचकर ईर्ष्या का रास्ता छोड़ देना चाहिए कि ईर्ष्या उनकी गरिमा या गौरव के अनुकूल नहीं है। ईर्ष्या का दामन पकड़कर वे अपनी जिन्दगी में कुछ भी अच्छा या महान हासिल नहीं कर सकेंगे।

स्त्रियों के लिए भी ईर्ष्या का कोई उपयोग नहीं है। अपनी सखियों, पड़ोसिनों और रिश्तेदारों से ईर्ष्या करके वे अपनी जिन्दगी में कुछ भी अच्छा हासिल नहीं कर सकेंगी।

जिस व्यक्ति से हम ईर्ष्या रखते हैं, उसकी थोड़ी-सी मान-बढ़ाई भी हमको बर्दाश्त नहीं हो पाती है। ईर्ष्या के कारण आदमी दूसरों के जीवन को बड़े से बड़ा नुकसान पहुँचाने से भी नहीं चूकता। यहाँ तक कि वह अपनी ईर्ष्या की अग्नि को शान्त करने के लिए दूसरों की हत्या तक कर डालता है।

ईर्ष्या से अपनी रक्षा कैसे करें?

जब तक आपके मन के अन्दर किसी के प्रति ईर्ष्या है, तब तक नफरत भी रहेगी। ईर्ष्या और नफरत हमेशा साथ-साथ चलती हैं और नफरत या घृणाभाव के कारण इनसान को अपनी जिन्दगी में सच्ची खुशी का अनुभव नहीं होता। खुशी को वह अपने भीतर अनुभव तो करना चाहता है, लेकिन ईर्ष्याकृत घृणाभाव उसके मन को शान्त या स्थिर नहीं रहने देता। मन की अस्थिरता की वजह से खुशी आदमी के दिमाग में टिक नहीं पाती।

ईर्ष्या को अपने वश में करने का या खत्म करने का एक ही साधन है, वह है– सभी के प्रति समता और शुभभावना बनाये रखना। जिस तरह से हम उन्नति और खुशहाली के साथ जीना चाहते हैं, उसी तरह संसार के हर किसी व्यक्ति को अपने-अपने ढंग से जीने का, उन्नत और खुशहाल होने का अधिकार है। ईर्ष्या की

दूषित भावना मन में रखकर हम किसी के जीवन–अधिकारों को नहीं छीन सकते। किसी की खुशियों को बन्द करके नहीं रख सकते।

मन से ईर्ष्या दूर तब होगी, जब हम मनुष्य को उसके असली रूप से पहचानेंगे। धन, वस्तुएँ, भौतिक साधन आदि नाशवान चीजों को नाशवान मानने से ही ईर्ष्या नष्ट की जा सकती है। किसी के पास ढेर सारी धन–दौलत है, तो मैं भला उससे ईर्ष्या क्यों करूँ ? अधिक धन पाना किसी के पिछले अच्छे कर्मों, पुण्यों या श्रम–लगन का परिणाम है। उतना पुण्य, उतनी मेहनत यदि मैं भी करूँ, तो मुझे भी एक दिन वह सब प्राप्त हो सकता है। परन्तु सब लोग ढेर सारी धन–दौलत प्राप्त करना चाहते हैं, जल्दी से जल्दी अमीर बनना चाहते हैं, लेकिन उसके अनुरूप कड़ी मेहनत कोई नहीं करना चाहता, रिस्क या खतरा मोल लेना कोई नहीं चाहता।

कुछ लोगों को करोड़ों रुपया प्रतिवर्ष कमाने वाले खिलाड़ियों से ईर्ष्या हो जाती है, कुछ व्यक्तियों को करोड़ों रुपयों का पारिश्रमिक लेने वाले अभिनेता या अभिनेत्रियों से ईर्ष्या हो जाती है। लेकिन ऐसे ईर्ष्यालु व्यक्ति केवल उनके धन को देखते हैं। यदि कोई ईर्ष्यालु व्यक्ति एक्टरों और प्लेयरों (अभिनेता और खिलाड़ियों) के रोजाना के कठिन परिश्रम को देख लेगा, तो शायद उनसे ईर्ष्या करना भूल जायेगा।

फिल्म का एक अच्छा शॉट लेने के लिए एक्टरों को बार–बार अभिनय दोहराना पड़ता है। जब तक शॉट ओ.के. नहीं हो जाता – शॉट के लिए खूब पसीना बहाना पड़ता है, खूब मेहनत करनी पड़ती है। जिस फिल्म का पूरा आनन्द दर्शक केवल तीन घण्टे की अवधि में ही उठा लेते हैं, उस फिल्म को बनने में कभी–कभी तीन साल का भी समय लग जाता है और कुछ अच्छी फिल्में तो तीन साल से भी ज्यादा समय ले लेती हैं।

ऐसे फिल्म निर्माता, निर्देशक और अभिनेता से अगर कोई व्यक्ति ईर्ष्या करने लगे, तो ईर्ष्यालु को उनसे कुछ भी लाभ नहीं मिल पायेगा। हमें किसी आदमी के यश और सफलता से ईर्ष्या करने की बजाय उसके परिश्रम, लगन तथा कार्य के प्रति समर्पणता पर गौर करना चाहिए।

क्रिकेट खेल का वर्ल्डकप जीतने के लिए कम से कम 14–15 क्रिकेट टीमें संघर्ष करती हैं और ये टीमें विश्व के विभिन्न देशों से चुनी गयी प्रसिद्ध और बेहतरीन टीमें होती हैं। जब कोई टीम वर्ल्डकप जीत जाती है, तो सारे विश्व में उसकी प्रशंसा की जाती है। उस टीम के हर खिलाड़ी को लाखों–करोड़ों रुपये

का इनाम मिलता है। ऐसी जीती हुई टीम से कुछ लोगों को ईर्ष्या होने लगती है।

इस सबके मूल में ईर्ष्या ही काम करती है। ईर्ष्या कभी भी एक इनसान को इनसान की भावना से नहीं देखती, एक खेल को खेलभावना से नहीं देखती, एक खिलाड़ी को खिलाड़ी की भावना से नहीं देखती। वह हर मामले में इनसान से दुश्मनी निकालना चाहती है, अपने देश के हारे गये खिलाड़ी को मजा चखाना चाहती है।

दुनिया में जितनी भी समस्याएँ पैदा होती हैं, उनके मूल में कहीं न कहीं ईर्ष्या की बुरी भावना छिपी हुई होती है। ईर्ष्या के कारण एक व्यापारी दूसरे व्यापारी की तरक्की नहीं देख सकता, एक धर्म का व्यक्ति दूसरे धर्म के व्यक्ति की उन्नति और सुख-शान्ति नहीं देख सकता।

ईर्ष्या को जड़ से समाप्त कैसे करें?

अगर हम ईर्ष्या को जड़ से मिटाना चाहते हैं, तो हमें अपनी मानसिक सोच में नया परिवर्तन लाना होगा। अपने पुराने विचारों और पुरानी धारणाओं को बदलना होगा। दूषित विचारों के बजाय उज्ज्वल और उदार विचारों को अपनाना होगा। इनसान को केवल एक इनसान के रूप में देखना होगा।

कोई भी इनसान एक डॉक्टर, इंजीनियर, अभिनेता, न्यायाधीश, कलेक्टर, खिलाड़ी, नेता, लेखक और कवि बाद में बनता है, पहले तो वह एक इनसान ही होता है। इनसान के रूप में ही वह जन्म लेता है। जब इनसान का पृथ्वी पर जन्म होता है, तो वह अपने साथ धन-दौलत, घर-मकान, मोटरगाड़ी, यश-मान कुछ भी लेकर नहीं आता। केवल उसके अच्छे या बुरे संस्कार ही उसके साथ होते हैं। ये संस्कार भी परिवर्तनशील होते हैं। आदमी जब संसार से कूच करता है या मरता है, तब भी वह अपने साथ कुछ नहीं ले जा पाता है। घर-मकान, जमीन जायदाद, रुपया-पैसा, गाड़ी-मोटर सब इसी पृथ्वी पर रह जाता है। इनसान के जिस रूप में (देह से मुक्त, ज्योतिस्वरूप आत्मशक्ति के रूप में) वह पृथ्वी पर आया था, उसी रूप में दुनिया को छोड़कर अपने धाम वापस चला जाता है।

जब हम मानवजीवन के इस मौलिक प्रश्न पर विचार करते हैं कि आदमी खाली हाथ संसार में आता है और खाली ही हाथ उसको संसार से जाना पड़ता है, तब हमारे मन में किसी व्यक्ति से ईर्ष्या करने की बात शायद नहीं उठेगी। खिलाड़ी हो या अभिनेता, नेता हो या अपूर्व सुन्दर मानव हो, उसकी भौतिक और दैहिक प्राप्तियाँ

केवल तभी तक हैं, जब तक कि वह जिन्दा है और जब तक उसकी साँस चलती है। इस तरह देह की अधिक सुन्दरता, देह का अधिक बल, ढेर सारा रुपया–पैसा, बंगला–गाड़ी, गहने, कीमती कपड़े तथा महँगी चीजों का स्वामी होने के बावजूद भी आदमी बेचारा या लाचार ही है। उसका यह ताम–झाम उसके पास तभी तक है, जब तक कि वह जिन्दा है।

जब हम किसी व्यक्ति की धन–दौलत के पीछे उसकी कड़ी मेहनत देख लेंगे या धन की नश्वरता की बात हमारी समझ में आ जायेगी, तो सचमुच हमारे मन में किसी के प्रति ईर्ष्या नहीं रहेगी।

ईर्ष्या जब आदमी के मन में पैदा होती है, तो यह अपने साथ कई प्रकार की सूक्ष्म बुराइयाँ लेकर आती है। जब मन में ईर्ष्या होती है, तो द्वेष और नफरत की भावनाएँ भी पैदा हो जाती हैं। अगर हमारी नफरत पूरी नहीं होती, तो वैर–विरोध या बदले का भाव हमारे अन्दर पैदा होता है। ईर्ष्यावश यदि हम किसी से वैर–विरोध की भावना ठान लें, तो हर समय हम उस आदमी को नीचा दिखाने का प्रयास करते हैं। उसका अपमान और तिरस्कार करके अपने–आपको उससे कहीं अधिक बेहतर या श्रेष्ठ साबित करने का प्रयास करते हैं।

ईर्ष्या रूपी बीज जब मन की भूमि पर पड़ता है, तो वैर और नफरत इससे अंकुर बनकर फूटते हैं। ईर्ष्या से पैदा हुए वैर, नफरत तथा द्वेष के पौधे को अहम भावना से ही प्रकाश प्राप्त होता है।

इसी अहम् भावना या अहंकार के जरिये ईर्ष्या का पौधा पोषण प्राप्त करता है। जब आदमी को सन्तोष और चैन आ जाये, तो ईर्ष्या की दुर्भावना अपने–आप ही समाप्त हो जाती है, जबकि असन्तोष जल बनकर ईर्ष्या के पौधे को सींचता रहता है।

ईर्ष्या से उत्पन्न घृणा, नफरत और द्वेषरूपी पौधे पर और भी कई प्रकार की मानसिक बुराइयों के फल–फूल पैदा होने लगते हैं। जैसे कि किसी का अपमान और तिरस्कार करने की भावना, क्रोध या गुस्सा आ जाना, अपने मन से किसी का विरोध करने और बदला लेने की भावना।

उपेक्षा के कई पर्वतों को वह अपने आगे खड़ा कर देता है ताकि वह किसी की उन्नति या विकास होता देख न सके। कई प्रकार की विषैली भावना के सर्प ईर्ष्या के पौधे की रक्षा करने हेतु उस पर अपनी छाया करने लगते हैं। ईर्ष्या भरे जीवन में स्पर्द्धा की भावना एक बहती हुई नदी की तरह हो जाती है। कई लोग अन्धे और पागल बनकर पतन की ओर भागने–दौड़ने लगते हैं।

आपने प्याज और बन्दगोभी को देखा है। उसमें छिलके के ऊपर कई छिलके चढ़े रहते हैं। एक छिलका उतारने पर दूसरा छिलका निकलता है। दूसरा छिलका उतारने पर तीसरा छिलका निकलता है। ईर्ष्या की भावनाएँ भी ऐसी जटिल हुआ करती हैं। कई प्रकार की दुर्भावनाओं के छिलके ईर्ष्या के फल के ऊपर चढ़े रहते हैं। ये सब बुराइयाँ मिलकर रोग के कीड़े की तरह आदमी को अन्दर ही अन्दर खाती जाती हैं।

आज के प्रतियोगिता के युग में मनुष्य के आगे पग-पग पर ईर्ष्याओं का जाल बिछा हुआ है। जो व्यक्ति एक बार इस जाल में फँस जाता है, उसका बाहर निकलना बड़ा मुश्किल होता है।

ईर्ष्या के कारण इनसान का पतन आज तक जितना हुआ है, उतना और किसी बुराई या दुर्व्यसन के कारण नहीं हुआ। ईर्ष्या हमेशा इनसान की इनसान से दूरी बनाये रखती है। इसके कारण व्यक्ति कभी आपस में पास नहीं आ पाता। ईर्ष्या न केवल एक व्यक्ति को दूसरे व्यक्ति से दूर करती है, बल्कि यह हमें अन्य सुखी या सुविधासम्पन्न व्यक्ति का कठोर आलोचक और निन्दक बना देती है।

भगवान इस धरा पर मानव-मानव के बीच प्यार पैदा करके धरा को स्वर्ग बनाना चाहता है, जबकि ईर्ष्या का शैतान मानव-मानव के बीच घृणा और नफरत पैदाकर इनसानों को एक-दूसरे से दूर रखता है। संसार के सारे लड़ाई-झगड़ों या क्लेश की जड़ यही है।

हमें ईर्ष्या या इसके दुष्प्रभावों से हमेशा बचकर रहना चाहिए। कहीं ऐसा न हो कि ईर्ष्या हमको अपने ही जैसा शंकालु, झगड़ालू, क्रोधी, अहंकारी और शैतान बना ले।

यदि हमने ईर्ष्या-भाव को अपने मन से निकाल दिया है, तो संसार की खुशियाँ हमसे कहीं भी दूर नहीं हैं। आइये, हम खुशियों की मंजिल की ओर दूसरा कदम बढ़ाएँ। सबका आदर सम्मान और सत्कार करना सीखें। ऐसा करके हम अपने माहौल को सुखमय और शुभ भावना सम्पन्न बना सकते हैं।

※※※

तीसरा कदम

सबको आदर : सबसे स्नेह

खुशी का तीसरा कदम या तीसरा मन्त्र यह है कि हम सबको आदर देना सीखें तथा सबसे स्नेह करना सीखें। स्नेह या प्यार एक ऐसी अनमोल वस्तु है, जो व्यक्ति को यदि प्राप्त हो जाये, तो वह आदमी को खुशियों से मालामाल बना देती है। लेकिन न तो स्नेह अपने-आप किसी को मिलता है और न इसको माँगने से प्राप्त किया जा सकता है। स्नेह ऐसी सूक्ष्म वस्तु है, जो दूसरों को देने या बाँटने से आदमी को अपने-आप प्राप्त हो जाती है।

जैसा कि हमने पिछले अध्याय में भी बताया है— स्थूल चीजें हमेशा रखने या बाँटने या देने से कम होती हैं, जबकि सूक्ष्म वस्तुएँ बाँटने या देने से कभी कम नहीं होतीं। बाँटने से तो उनमें और ही ज्यादा वृद्धि होती जाती है।

स्नेह और प्यार-मोहब्बत ऐसी ही सूक्ष्म वस्तु है, जो अनुभव करने में सबको प्यारी लगती है, सबके मन को रोमांचित करती है।

बड़ों को आदर दें

हमसे उम्र में जो लोग बड़े हों हमें उनका आदर करना चाहिए। परिवार में माता-पिता, घर के बुजुर्ग और बड़े भाई-बहन सभी उम्र में बड़े होते हैं। बच्चों की शालीनता और सभ्यता इसी बात में मानी जाती है कि वे अपने से बड़ों का आदर करना सीखें, घर में आये हुये मेहमान का सम्मान करें तथा निष्ठापूर्वक उसके स्वागत-सत्कार में लग जायें।

यदि बच्चे ऐसा करेंगे, बड़ों का कहना मानेंगे, तो बड़ों की दुआएँ उनको प्राप्त होंगी। माँ-बाप की दुआएँ और बड़ों का आशीर्वाद मनुष्य के जीवन के दामन को

सहज रूप से खुशियों से भर देता है। बेटी की विदाई में गाया गया एक बहुत पुराना फिल्मी गीत है :—

"बाबुल की दुआएँ लेती जा,
जा तुझको सुखी संसार मिले........"

बाबुल अर्थात् पिता की दुआओं में और माँ की दुआओं में व्यक्ति के लिए सुख ही सुख मिलता है। माँ–बाप अपने बच्चों को पैदा करते हैं। स्वयं मेहनत–मजदूरी कर अपने बच्चों को बड़ी आशाओं के साथ पालते हैं। हर माँ–बाप की इच्छा रहती है कि उनका बेटा बड़ा होकर उनके बुढ़ापे का सहारा बनेगा। बच्चों को अपने माता–पिता की इच्छाएँ पूरी करने का प्रयत्न भी करना चाहिए। यदि वे अपने माँ–बाप या अभिभावकों का कहना मानते रहेंगे, तो उनकी दुआएँ, उनका आशीर्वाद उनको मिलता रहेगा।

भारतीय–संस्कृति में श्रवणकुमार माता–पिता के सच्चे भक्त एवं सेवक हुए हैं। इसी प्रकार श्रीरामचन्द्र अपने माता–पिता के कितने आज्ञाकारी थे, इसकी कहानियाँ रामचरितमानस में हमें पढ़ने को मिलती हैं। अगर बच्चे माता–पिता के आज्ञाकारी, उनके सेवक बन जायेंगे, तो बच्चों के जीवन की सारी परेशानियाँ ही दूर हो जायेंगी।

माता–पिता अपने बच्चों को जिन्दगी में किसी भी प्रकार की परेशानी नहीं होने देते हैं। उनके बच्चे जब किसी बात को लेकर दुःखी, परेशान या तनावग्रस्त रहते हैं, तो माँ–बाप की नींद उड़ जाती है। बच्चों को चिन्तित–परेशान देखकर वे खुद चिन्तित और परेशान हो उठते हैं। किसी भी तरह वे अपने बच्चों की परेशानी को, उनके मानसिक तनाव को दूर करना चाहते हैं।

कुछ लोगों की शिकायत रहती है कि उनको समाज में पर्याप्त मान–सम्मान नहीं मिलता। लोग उनकी इज्जत करना नहीं जानते अथवा लोगों को उनकी कद्र ही नहीं है, लेकिन इस तरह के शिकवे–शिकायत या इस तरह की चिन्ताएँ करना व्यर्थ है। जब तक आपको दूसरों को सम्मान देना नहीं आयेगा, तब तक समाज के अन्य लोग भी आपको सम्मान देने के मामले में बेपरवाह ही रहेंगे। जब हमारा कोई आदर करता है, जब हमको समाज में सम्मान मिलता है, तो हमको खुशी का अनुभव होता है। जिस प्रकार खुशी हमको सबसे ज्यादा प्यारी लगती है, उसी प्रकार हमारे समाज के लोगों को और सारे संसार के लोगों को भी खुशी प्यारी लगती है।

आदर-सत्कार, मान-सम्मान मनुष्य के मन की खुशी का मूल आधार है। जैसे हमें अपना मान-सम्मान प्यारा लगता है, उसी प्रकार दुनिया के हर व्यक्ति को मान-सम्मान अच्छा लगता है। जैसे हम अपनी खुशी के लिए चाहते हैं कि कोई हमको मान-सम्मान दे, उसी प्रकार संसार का हर व्यक्ति अपने जीवन की खुशी के लिए चाहता है कि उसको भी समाज में सम्मान प्राप्त हो, उसकी भी पूछ हो। व्यक्ति को जब किसी से स्नेह और सम्मान प्राप्त होता है, तो वह खुद भी उस आदमी का आदर करने लगता है। उसे स्नेह की नजरों से देखने लगता है।

हमारे माता-पिता सचमुच आदर के पात्र हैं, क्योंकि हमें जन्म देने में तथा हमारी परवरिश करते हुए हमको बड़ा करने में वे कितनी तकलीफें सहते हैं। उनके अहसानों के प्रति कृतज्ञता अर्पित करने के लिए जरूरी है कि हम उनकी आज्ञा पर चलें तथा उनकी नेक सलाह मानते हुए उनके सुझाव के अनुसार जीवन व्यतीत करें।

आदर देने से ही आदर और खुशी मिलती है

यह बात ऊपर भी कही जा चुकी है कि किसी को आदर-सम्मान देने से हमको स्वयं भी उससे आदर प्राप्त हो जाता है।

समाज में आदर या सम्मान पाने के लिए व्यक्ति क्या कुछ नहीं करता? कुछ लोग रुपये-पैसे का दान दीन-दुःखी और अनाथों को देते हैं। इससे समाज में लोग उन्हें महान या पुण्यात्मा समझकर उनका आदर करते हैं। किसी भी खेल-प्रतियोगिता का पुरस्कार पाने के लिए आदमी जी-तोड़ मेहनत भी इसीलिए करता है, ताकि समाज के लोग उसके खेल की सफलता की सराहना करें।

समझदार माँ-बाप अपने बच्चों को सिखाते हैं कि वे दूसरों का आदर-सत्कार कैसे करें। माँ-बाप को पता होता है कि समाज में दूसरों को आदर देने से ही आदर प्राप्त होता है। अगर हमारे बच्चे दूसरों की इज्जत करना सीखेंगे, तो इनका जीवन खुशहाल होगा।

अपने बड़ों के पैर छूना भी उनको आदर देना है। शिष्टाचार की शिक्षा के अन्तर्गत बच्चों को यह समझाया जाता है कि वे प्रातःकाल उठकर अपने माँ-बाप तथा घर के बड़े-बूढ़ों के पैर छूयें तथा उनसे खुशहाली का आशीर्वाद प्राप्त करें।

पैर छूना या झुकना मानव की विनम्रता की निशानी है। जब कोई किसी के पैर छूता है, तो उसके मुँह से पैर छूने वाले व्यक्ति के प्रति आशीर्वाद स्वतः ही निकल जाता है। ऐसे अच्छे रिवाजों से मनुष्य के मन का अहंकार हटता है तथा नम्रता की

महान भावना मनुष्य के अन्दर प्रकट होती है। कुछ लोग दूसरों से आदर सम्मान तो चाहते हैं, लेकिन उनको खुद आदर-सम्मान देने में कंजूसी करते हैं। जो चीज हमको अपने लिए अच्छी लगती है, हमें उसका व्यवहार दूसरों के साथ भी करना चाहिए, तभी बात बनती है।

आदर भावना से लेकर खुशी तक की प्रक्रिया

किसी को आदर देने से हमारे मन में खुशी किस प्रकार से आती है, आइये! इस बात को निम्नलिखित चरणों के अनुसार समझने का प्रयत्न करते हैं :–

(1) जब हम किसी को आदर देते हैं या किसी के पैर छूते हैं, तो दूसरा व्यक्ति सोचता है कि मुझे इसने अपने से बड़ा समझा है क्योंकि आदर हमेशा बड़ों का ही किया जाता है।

(2) स्वयं को बड़ा या महान समझकर व्यक्ति अपने-आप में फूला नहीं समाता।

(3) वह सोचता है कि जिसने उसको आदर दिया है, क्यों न वह भी उसका आदर करे।

(4) क्रिया-प्रतिक्रिया और कर्मफल के सिद्धान्त के अनुसार आदर के बदले में दूसरों को आदर देना ही पड़ता है।

(5) आदर व्यक्ति के शरीर को नहीं, बल्कि उसकी आत्मा को दिया जाता है। शरीर की दृष्टि से तो सभी एक समान हड्डी-माँस के बने हुए पुतले हैं, एक समान हैं। केवल मनुष्य की आत्मा शक्ति ही है, जो दूसरे से निकृष्ट-कमजोर या महान-बुद्धिमान हो सकती है।

(6) जब व्यक्ति को कोई आदर देता है, तो उसकी अन्तरात्मा भीतर से प्रसन्न होती है। वह आत्मा मानव-मानव के बीच भेदभाव नहीं करती। देहरूपी पर्दे के अन्दर छिपी हुई अन्य दूसरी आत्मा को भी वह देख लेती है तथा आदर के बदले उसको आदर देना चाहती है। दूसरे का सम्मान करना चाहती है।

(7) दूसरों को आदर देने से नकारात्मक-विचार समाप्त हो जाते हैं तथा सकारात्मक विचारों के श्रेष्ठ प्रकम्पन वायुमण्डल में फैलने लगते हैं।

(8) सकारात्मक विचारों की ऊर्जा माहौल में खुशी, नयापन और उत्साह फैलाती है।

(9) जो कोई भी दुःखी, परेशान या अशान्त व्यक्ति, उत्साह, खुशी और नयेपन माहौल को महसूस करता है– उसके मन के सारे भ्रम, संशय, चिन्ता और परेशानियाँ धीरे–धीरे समाप्त होने लगती हैं।

(10) अपने परिवार और समाज के लोगों से आदर मिल जाने पर व्यक्ति अपने जीवन को सरल, खुशहाल और तनावमुक्त महसूस करने लगता है। उसके जीवन की सारी समस्याएँ मिट जाती हैं।

इस प्रकार आदर–सत्कार से लेकर खुशी के फैलने तक की पूरी क्रिया मनावैज्ञानिक है। आदर–सत्कार और स्नेह के माहौल में जहाँ आदर देने वाले तथा आदर प्राप्त करने वाले व्यक्ति खुशी का अनुभव करते हैं, वहीं इन दोनों के अलावा अन्य लोग भी खुशी के प्रकम्पनों को महसूस कर पाते हैं। ऐसे खुशहाल माहौल में भला तनाव कैसे टिक सकता है?

ऐसा कभी हो नहीं सकता कि हम किसी को आदर दें या कोई व्यक्ति हमको आदर दे तथा वातावरण में खुशी की लहर न फैले।

स्नेह का चमत्कार

सन्त–महापुरुषों या महात्माओं के पास कोई जादू–टोना नहीं होता कि उन्हें देखकर लोग उनकी ओर खिंचे चले आते हैं। यह सब तो उनके स्नेह–स्वभाव और स्नेह–व्यवहार की वजह से होता है।

सन्तों का काम ही है– लोगों पर दया करना, सबसे स्नेह करना तथा सभी को ईश्वर–विषयक बातें सुनाना। छल–कपट और व्यक्तिगत स्वार्थों से वे सर्वथा मुक्त होते हैं। उनके मन में एक ही भावना होती है कि किसी भी प्रकार से दुनिया के लोग सुखी हों, आपसी नफरत और वैर भाव को त्यागकर सभी प्रेम से मिल–जुल कर रहें।

एक कवि ने कहा हैः–

स्नेह की शक्ति दिलों को जोड़ देती।
स्नेह की शक्ति मनुज को सुख देती।।
स्नेह ही वह धन, जिसे हर कोई चाहता।
स्नेह ही इनसान को जीवित सदा रखता।।
प्रेम के बिन जिन्दगी सूनी सदा रहती।
प्रेम से ही आत्मा सदा रौशन रहती।।

प्रेम से ही पशुता इनसान की जाती।
प्रेम से हैवानियत है नाश को पाती।।
जो यदि सुख चाहना हो, प्रेम कर लो।
जिन्दगी को खुशियों के मोती से भर लो।।

भला नफरत या घृणा को कौन पसन्द करता है ? हम यह कभी नहीं चाहते हैं कि कोई हमसे नफरत करे, हमारी बुराई करे, हमसे सदा दूर–दूर रहे। लेकिन इनसान के अवगुण, बुरी आदतें और पापकर्म उसको समाज के लोगों की निगाहों से नीचे गिरा देते हैं। ऐसे इनसान से हर कोई व्यक्ति दूर–दूर रहना चाहता है। क्योंकि उसे पता होता है कि गलत आदमी के सम्पर्क में आने से मुझे सदा नुकसान ही नुकसान होगा।

आप किसी को दाब–धौंस देकर या जोर–जबरदस्ती से अपना कोई काम नहीं निकाल सकते। आपके दबाव से यदि कोई व्यक्ति आपका काम कर भी देगा, तो वह दुःखी और परेशान मन से आपका काम करेगा। उसके काम से आपको जितनी सन्तुष्टि होनी चाहिए, वह सन्तुष्टि आपको नहीं हो पायेगी। अगर आप किसी को दाब–धौंस देकर या जबरदस्ती से अपना काम निकालना चाहेंगे, तो हो सकता है कि उस व्यक्ति को आपकी कठोर बात का बुरा लग जाये। लेकिन अगर आप उसके साथ प्यार–मोहब्बत का व्यवहार करेंगे, स्नेहपूर्वक उससे अनुरोध करेंगे, तो हो सकता है कि वह आपकी मदद करने के लिए तैयार हो जाये? एक सामान्य कहावत है कि इनसान अपने मतलब को सिद्ध करने के लिए गधे को भी बाप बना लेता है। गधे को बाप बनाने का एक ही मतलब है, उसे अपनी मीठी–मीठी बातों से राजी या खुश कर लेना। जब कोई व्यक्ति किसी से खुश या राजी हो जाता है, तो वह बड़ी आसानी से उसका काम करने को तैयार हो जाता है।

स्नेहवश आदमी कभी किसी बात के लिए किसी से 'ना' नहीं कर पाता। स्नेह एक ऐसा बन्धन है, जो व्यक्ति को दूसरे के अनुकूल बना देता है। जिस काम के होने की कोई सम्भावना न हो, उस असम्भव से कार्य में भी कई प्रकार की सम्भावनाओं के विकल्प दिखायी देने लगते हैं। स्नेह एक जादू की तरह व्यक्ति के मन को मोहित कर देता है। उसके वशीभूत हुआ व्यक्ति मन ही मन कह उठता है– "हाँ, मैं तुमसे प्रसन्न हूँ। मैं तुम्हारा काम अवश्य करूँगा।" मनुष्य अपने जीवन की कई सफलताओं को स्नेह और सहयोग के जरिये ही प्राप्त करता है।

स्नेह : एक चुम्बक

इस सृष्टि में हर वस्तु के परमाणु आपस में एक आकर्षण-शक्ति के बल पर जुड़े हुए हैं। ठोस पदार्थों में यह बल अधिक पाया जाता है, द्रवों में उससे कम जबकि गैसीय पदार्थों में सबसे कम आकर्षण-बल पाया जाता है। अत्यन्त न्यून आकर्षण-बल के कारण गैसीय पदार्थों के परमाणु एक दूसरे से दूर-दूर तथा मुक्त प्रकार के होते हैं। गैसीय पदार्थ को खुले वातावरण में छोड़ देने से प्रतिकर्षण-बल के कारण पदार्थ के परमाणु एक दूसरे से अलग-अलग होकर दूर-दूर तक फैल जाते हैं।

सृष्टि के मनुष्यों के मन के मध्य भी इसी प्रकार आकर्षण-बल और प्रतिकर्षण-बल कार्य करता है। आकर्षण-बल या चुम्बकीय-बल दो व्यक्तियों को मानसिक-स्तर पर एक-दूसरे से जोड़े रखता है, जबकि प्रतिकर्षण-बल उन्हें एक दूसरे से दूर-दूर कर देता है। लोहे से बनी हुई चुम्बक में इस प्रकार का आकर्षण-बल अधिक मात्रा में पाया जाता है। चुम्बकीय-बल की अधिकता के कारण चुम्बक, लोहे से बनी हुई चीजों को भी अपनी ओर तीव्रता से खींच लेती है।

स्नेह की भावना में भी इसी तरह का अद्भुत आकर्षण-बल पाया जाता है। चुम्बक की तरह स्नेह, अन्य व्यक्ति के मन को अपनी ओर सहज रूप से खींच लेता है। सन्त-महात्माओं के जीवन में इसी प्रकार का चुम्बकीय-बल अथवा आकर्षण-बल पाया जाता है, जिसके कारण सामान्य लोग उनकी ओर सहज रूप से खिंचे चले आते हैं। न केवल एक या दो व्यक्ति बल्कि अनेक सारे लोग उनके आकर्षण से प्रभावित होकर उनकी ओर खिंचे चले आते हैं। सन्त-महात्माओं या महापुरुषों का स्नेहशील स्वभाव उनको अपने समाज, राष्ट्र तथा सारे विश्व में सभी का प्यारा बना देता है।

स्नेह : सच्ची खुशी का स्रोत

जो खुशी स्नेहपूर्ण सम्बन्धों से पैदा होती है, उस खुशी को एकदम सच्चा समझना चाहिए। जिस व्यक्ति के प्रति हमारा स्नेह होता है, हम लोग उसके जीवन की खुशहाली की प्रार्थना भगवान से मन ही मन करते हैं।

दूसरों का मजाक या उपहास बनाकर और दूसरों के ऊपर व्यंग्य या छींटाकशी करके जो खुशी प्राप्त की जाती है, वह खुशी क्या भला सच्ची खुशी है ? उससे तो दूसरों का मन दुःखी होता है। जिस व्यक्ति की खिल्ली उड़ायी जा रही है, वह मानसिक रूप से परेशान रहता है। जो खुशी दूसरों का जी दुखाकर प्राप्त

की जाये, वह इनसान को कभी सच्ची खुशी नहीं दिला सकती। दूसरों का मजाक उड़ाता हुआ व्यक्ति अपने मन में भले ही यह समझ ले कि वह खुश है, लेकिन इसकी खुशी के सहभागी लोगों की संख्या अधिक न होगी।

जिन लोगों को आपसे कोई स्वार्थ होता है, वही इस तरह की गलत ढंग की खुशियों में आपकी सहायता करते हैं तथा सहभागी बनते हैं। स्नेह की तुलना हम एक ऐसे अद्भुत प्रकाश-स्रोत या सूर्य से कर सकते हैं, जिसके अन्दर से निम्नलिखित प्रकार की दिव्य किरणें निरन्तर प्रवाहित होती रहती हैं :—

(1) खुशी की किरणें
(2) आनन्द की किरणें
(3) सन्तोष की किरणें
(4) परोपकार-भावना की किरणें
(5) दयाभावना की किरणें
(6) उदारता और क्षमा-भावना की किरणें
(7) धीरज की किरणें
(8) कल्याण-भावना की किरणें
(9) मधुरता की किरणें
(10) सौन्दर्य की किरणें तथा
(11) मुस्कान की किरणें इत्यादि।

स्नेह ही मानव के जीवन की खुशियों का एकमात्र स्रोत है। जहाँ स्नेह-भावना ही न हो, वहाँ कोई खुशी, मुस्कान, दयाभावना भला कैसे हो सकती है? स्नेह की भावना मनुष्य की अन्तरात्मा को आनन्द प्रदान करती है, जब तक हम मन में किसी व्यक्ति के प्रति स्नेह पैदा न कर लें, तब तक हम उसका कल्याण अथवा सहयोग नहीं कर सकेंगे। दया भी किसी के ऊपर तभी आती है, जब उसकी दयनीय अवस्था या विपन्न अवस्था देखकर उसके प्रति स्नेह की भावना हमारे हृदय में पैदा होने लगती है।

स्नेह का अभाव : सारे अपराधों का मूल

जब तक व्यक्ति को अपने परिवार तथा समाज के लोगों से स्नेह मिलता रहता है, उसका शारीरिक एवं मानसिक विकास सन्तुलित रूप से होता रहता है, लेकिन

जैसे ही उसे स्नेह मिलना बन्द हो जाता है या उसकी स्नेह–प्राप्ति की आशाएँ धूमिल पड़ जाती हैं, वह अपने–आपको, अपने परिवार तथा समाज के लोगों को नुकसान पहुँचाने वाले काम करने लगता है।

जो लोग देशद्रोही और आतंकवादी बनते हैं, उनके पतन के पीछे स्नेह और सहयोग का न मिलना भी एक कारण होता है। एक बच्चे को बचपन में यदि अपने माता–पिता तथा भाई–बहनों का प्यार नहीं मिलता, तो वह अपने जीवन की दिशा से भटक जाता है। सही दिशा–निर्देशन के अभाव में वह कुसंग और दुर्व्यसन जैसे जिन्दगी के गलत रास्तों की ओर कदम बढ़ाने लगता है। शराब, बीड़ी, तम्बाकू, स्मैक, हेरोइन, गाँजा–चिलम, अफीम आदि कई प्रकार के नशीले द्रव्यों के क्षणिक नशे में व्यक्ति अपने अकेलेपन, मायूसी तथा स्नेह की कमी को भुलाने का प्रयास करता है।

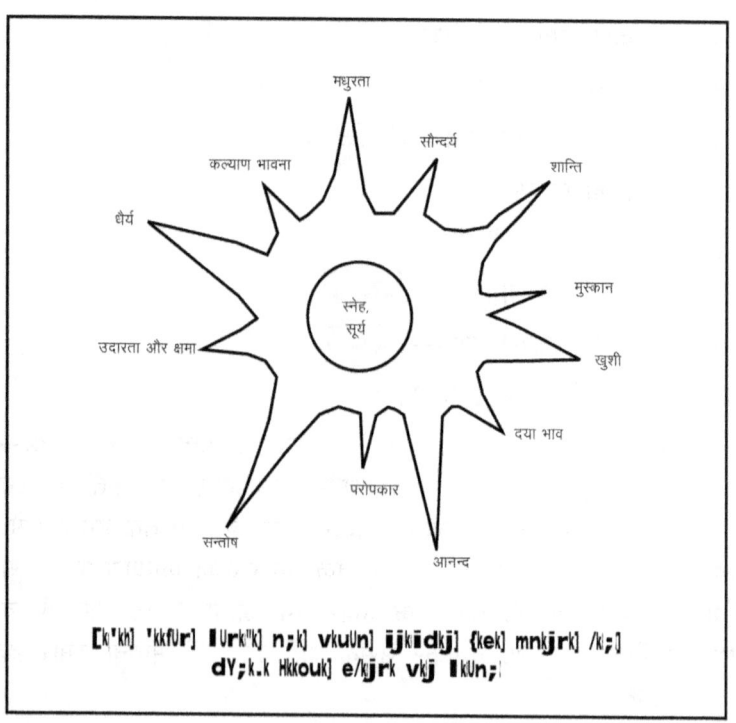

[k'kh] 'kkfUr] lUrks"k] n;k] vkuUn] ijksidkj] {kek] mnkjrk] /k;]
dY;k.k Hkkouk] e/kjrk vkj lkUn;

लेकिन इस तरह के नशीले व्यसनों का शिकार होकर व्यक्ति अपना शारीरिक एवं मानसिक स्वास्थ्य तो खोता ही है, साथ ही अपने धन की बर्बादी तथा नैतिक

पतन भी करता है। उसे शरीर और दिमाग की कमजोरी महसूस होती है। नशे की आदतें आदमी को कई प्रकार के रोगों का गुलाम बना देती हैं। आदमी के शरीर की रोग–प्रतिरोधक क्षमता इसी नशे की वजह से नष्ट हो जाती है, जिससे जरा–जरा–सी बीमारियाँ बड़ा रूप धारण कर लेती हैं तथा शीघ्र समाप्त होने का नाम ही नहीं लेतीं।

अगर अपने घर–परिवार के लोगों से और आस–पड़ोस, रिश्तेदार या समाज के अपने समझे जाने वाले लोगों से व्यक्ति को स्नेह नहीं मिलेगा, तो व्यक्ति पग–पग पर अपने–आपको असहाय और अकेला समझेगा। शारीरिक एवं मानसिक रोगों के अलावा कमजोरी, चिन्ता, बेचैनी, अवसाद और कुण्ठा ऐसे आदमी को शीघ्र ही अपने शिकंजे में जकड़ लेती हैं। जब तक व्यक्ति शराब आदि के नशे में रहता है, तब तक तो वह अपनी चिन्ता और परेशानियों को भुलाये रखता है लेकिन शराब और अन्य नशीले व्यसनों का नशा उतरते ही जीवन की परेशानियाँ, चिन्ता, तनाव और बेचैनी फिर से उसको घेरने लग जाती है।

जो व्यक्ति स्नेहाभाव के कारण चिन्ता और तनाव में पलता रहता है, उसका दिमाग अन्दर से कमजोर, खोखला तथा चिड़चिड़ा होता जाता है। बात–बात पर उसको गुस्सा आता है। जुआ–सट्टा खेलना भी मानवजीवन के लिए अत्यन्त नुकसानकारी एवं घातक दुर्व्यसन है। ऐसी गलत आदतों से व्यक्ति अपनी मेहनत से कमाया गया सारा धन एक ही दिन में गँवा देता है। फिर उसे थोड़े–थोड़े पैसों के लिए या अधिक पैसों के लिए दूसरों के आगे हाथ फैलाना पड़ता है, रुपया उधार लेना पड़ता है।

स्नेह का अभाव एक तो आदमी को दुर्व्यसनों के पतनकारी पथ पर ले जाकर उसका सर्वनाश कर डालता है, दूसरे वह व्यक्ति को कुसंग के नाशकारी रास्ते पर भी बढ़ाता है। कुसंग का शिकार होकर ही व्यक्ति के अन्दर निम्नलिखित प्रकार की बुरी आदतें पनपने लगती हैं।

(1) झूठ बोलना
(2) चोरी करना
(3) दूसरों को धोखा देना
(4) गलत तरीकों से धन कमाना
(5) हिंसा या रक्तपात करना
(6) बदले की भावना मन में रखना, तथा

(7) ईर्ष्या और घृणा की भावना मन में रखना।

बुरे लोगों के साथ उठने–बैठने, उनसे वार्तालाप करने तथा उनके साथ रहने से मनुष्य ये सभी चीजें सीख जाता है। स्नेह की कमी व्यक्ति के जीवन में एक रिक्त स्थान और मन में कुण्ठा पैदा करती है। उस स्थान को भरने के लिए और अपनी कुण्ठा को तृप्त करने के लिए व्यक्ति बुरे लोगों के साथ दोस्ती करना स्वीकार कर लेता है। सत्य, क्षमा, अहिंसा, धैर्य, सहनशीलता आदि सभी जीवन–मूल्यों का पालन करना वह भूल जाता है। स्नेह के अभाव में उसे इन सब अमूल्य और महत्वपूर्ण चीजों से नफरत हो जाती है। जिस समाज ने उसकी उपेक्षा की थी, उस समाज को वह तिरस्कार की नजरों से देखने लगता है, परिवार के जिन लोगों ने उसके साथ घृणा का बर्ताव किया था, उन लोगों को वह घृणा की नजरों से देखने लगता है। दूसरों से झूठ बोलकर अपना काम निकालने में वह अपनी चालाकी समझता है। ऐसा व्यक्ति स्नेह न मिल पाने के कारण मन में कुण्ठित होता है और शीघ्र ही आतंकवाद, खूनखराबा, विस्फोट जैसी विध्वंसकारी गतिविधियों से जुड़ जाता है। ईर्ष्या की भावना और बदला लेने की भावना जैसी कठोर भावनाएँ उसके मन–मस्तिष्क और ह्रदय के अन्दर भर जाती हैं।

बचपन से जिनको अपने परिवार वालों का और समाज के लोगों का पूरा प्यार नहीं मिलता, ऐसे ही लोग शीघ्र ही धन के बड़े प्रलोभनों के आगे झुक जाते हैं और आतंकवादी संगठनों से जुड़कर अपने ही राष्ट्र को तथा राष्ट्रवासियों को नुकसान पहुँचाने वाले काम करने लगते हैं। जब कोई व्यक्ति स्नेहभाव के अभाव के कारण कुसंग का शिकार हो जाता है या गलत लोगों से मित्रता कर बैठता है, तो उसके विचारों में शीघ्र ही परिवर्तन आने लगता है। गलत लोगों के साथ उठने–बैठने से उसका दृष्टिकोण नकारात्मक हो जाता है। जीवन का सुन्दर और सत्य पक्ष देखने की बजाय वह गलत पहलुओं पर अपनी निगाह रखने लगता है।

कुसंगवश मनुष्य के मन के विचार और धारणाएँ बदलते ही उसके कर्मों में भी परिवर्तन आने लगता है। वह हर कार्य अपने स्वार्थ की पूर्ति के लिए करना चाहता है। केवल गलत कर्म ही नहीं, बल्कि वह दूसरों के साथ गलत व्यवहार भी करने लगता है। अभद्र आचरण के कारण ऐसा व्यक्ति अपने समाज में शीघ्र ही बदनाम हो जाता है। फलस्वरूप मानसिक अशान्ति और जिन्दगी की अनेक परेशानियों का अनुभव उसको होने लगता है।

तो, आपने देखा कि स्नेह न मिलने की वजह से आदमी के जीवन की दिशा कितनी बदल जाती है? वह मनुष्य से शैतान बनने पर मजबूर हो जाता है। यदि

ठीक समय पर संसार के भटके हुए लोगों को, युवाओं को अपने परिवार का तथा समाज के लोगों का स्नेह प्राप्त हुआ होता, तो वे गुण्डे—बदमाश और आतंकवादी बनकर, चोर—डकैत और हत्यारे बनकर दूसरों की जिन्दगी क्यों बर्बाद करते ?

स्नेहाभाव की पूर्ति करें : खुशहाल जीवन जियें

स्नेह तो ऐसी अनमोल भावना है, जिसे देने और पाने के लिए किसी दुकान, बाजार, व्यवसाय या धन की जरूरत नहीं है। यदि एक बार आदमी को अपनी जिन्दगी में सही तौर पर खुश रहना आ जाये, तो वह कभी किसी अन्य व्यक्ति को दुःखी या परेशान होता हुआ नहीं देख सकता।

आजकल हर मुल्क की सरकार और पुलिस गुण्डापन, आतंकवाद, बदमाशी खत्म करने में लगी हुई है, लेकिन अत्याचारियों और आतंकवादियों के विरुद्ध जितना कठोर कदम अपनाया जाता है, उन लोगों के विद्रोह की आग और भी ज्यादा भड़कती है। इससे गुण्डे, बदमाश, अत्याचारी तथा आतंकवादी और भी जन्म लेते व पनपते हैं। हम लोग आतंकवाद और आतंकवादियों को, गुण्डागर्दी और बदमाशों को, बुराई तथा बुरे लोगों को, पाप तथा पापी लोगों को मिटाने या खत्म करने का जितना प्रयास करेंगे, ये चीजें समाज में उतनी ही ज्यादा बढ़ती जायेंगी और बढ़ती जा भी रही हैं। ऐसी समस्याएँ हमारे देश में तथा विश्व में तब तक बनी रहेंगी, जब तक कि हम इन समस्याओं के मूल कारण का पता नहीं लगायेंगे तथा इनकी तह तक नहीं जायेंगे।

किसी बुरे व्यक्ति को या बुराई को नष्ट करने का प्रचार करने से बुराई कभी जड़ से समाप्त नहीं हो सकती। मुख्य बात उस वातावरण या माहौल को सुधारने की है, जिसमें व्यक्ति जन्म लेता है और पलता—बढ़ता है। जिस पौधे को ठीक से हवा पानी और प्रकाश या खाद नहीं मिलता, वह बड़ा होकर कमजोर रह जाता है। कई हानिकारक सूक्ष्म जीवाणु उसमें लग जाते हैं। ऐसा पौधा न तो समाज को अच्छा फल दे पाता है, न वृक्ष बनकर राहगीर को छाया या ठण्डक का लाभ दे पाता है।

हम लोग, समाज के लोग, सरकार और पुलिस के लोग क्या करते हैं ? या तो उस खराब पौधे को ही जड़ से उखाड़ फेंकते हैं या काट डालने का प्रयास करते हैं अथवा कीटनाशी पदार्थ लेकर पेड़ पर लगने वाले रोग या कीड़ों के पीछे पड़ जाते हैं। मतलब यह कि हम पाप और पापी को, बुरे और बुराइयों को खत्म कर देने का प्रयास करते हैं। लेकिन समस्या वहीं की वहीं रहती है। सूक्ष्म कीड़े—मकोड़े

आने वाले अन्य नये पौधों को अपना शिकार बना लेते हैं। बुराई या रोग फिर से फलने—फूलने लगता है।

इस समस्या का एकमात्र समाधान यही है कि अच्छे पौधों की फसल का लाभ लेने के लिए सबसे पहले तो भूमि को उपजाऊ बनाया जाये। इसके बाद पौधों की वृद्धि के लिए उचित मात्रा में जल, खाद, वायु, प्रकाश तथा शुभ भावनाओं की व्यवस्था की जाये। यदि ये सब चीजें सही मात्रा में पौधों को मिलती रहेंगी, तो पौधे कभी बीमार और कमजोर नहीं होंगे, किसी प्रकार के कीड़े उनको नहीं लगेंगे।

एक पौधे को प्रकाश की, जल की, हवा की, मिट्टी की तथा खाद आदि जरूरी चीजों की आवश्यकता पड़ती है। जिस पौधे को अपनी वृद्धि, पोषण या विकास के लिए ये सभी चीजें समय—समय पर मिलती रहती हैं, वह हमेशा स्वस्थ रहता है। कीड़े—मकोड़े उस पर अपना प्रभाव नहीं जमा पाते तथा ऐसा पौधा समयानुसार बड़ा होकर अच्छे फल प्रदान करता है।

मनुष्य का जीवन भी एक नन्हे पौधे की भाँति शुरू होता है। प्रारम्भ में माँ—बाप का प्यार—दुलार और भाई—बहनों का स्नेह उसको (घर में) प्राप्त होता है। इसके बाद स्कूल में जाकर वह पढ़ना—लिखना सीखता है, सभ्य और सुसंस्कृत बनता है। नये—नये मित्र उसको मिलते हैं। स्कूल के वातावरण और मित्रों से बच्चों को बहुत—सी बातें सीखने को मिलती हैं। माँ—बाप की परवरिश तो बच्चे को प्राप्त होती ही है लेकिन साथ में अपने घर—परिवार के संस्कार भी उसको मिलते हैं।

जिस बच्चे को अच्छी परवरिश, अच्छे संस्कार, माँ—बाप का प्यार—दुलार, भाई—बहनों का स्नेह और स्कूली मित्रों का सहयोग प्राप्त होता है, वह बालक प्रारम्भ में पढ़ाई को अपना लक्ष्य बनाता है और बाद में कोई अच्छी नौकरी या व्यवसाय में लगकर अपने परिवार की परवरिश करने का दायित्व निभाता है। माँ—बाप और परिवार के माहौल से मिले बेहतर संस्कारों के कारण वह कुसंग या बुरे लोगों से तथा दुर्व्यसन अथवा बुरी आदतों से हमेशा अपना बचाव रखता है।

अगर बच्चों को अपने माता—पिता का भरपूर प्यार—दुलार मिलेगा, उचित शिक्षा तथा अच्छे संस्कार मिलते रहेंगे, तो वे अपने जीवन की दिशा से भटककर कोई गलत रास्ता भला क्यों अपनायेंगे ? फिर कोई आतंकवादी या गुण्डा—बदमाश क्यों बनेगा तथा क्यों धरा पर रहकर उत्पात मचायेगा ?

हम न तो सारे संसार की बुराइयों को समाप्त कर सकते हैं और न बुरे लोगों को समाप्त कर सकते हैं, लेकिन मानव को बेहतर बनाने का प्रयास अवश्य कर सकते हैं, अच्छे इनसानों का निर्माण करने का प्रयास अवश्य कर सकते हैं। इसके लिए आवश्यक है

कि हम अपने बच्चों को अच्छे संस्कार दें। उनको पर्याप्त स्नेह दें तथा उनका जीवन कभी कुण्ठित, हताश या निराश न होने दें। यदि ऐसा होता रहा तो, किसी भी देश में कोई नया गुण्डा, बदमाश या आतंकवादी पैदा न होगा, चोर-डकैत या लुटेरा पैदा न होगा।

जब व्यक्ति को अपने परिवार और समाज के लोगों से पर्याप्त आदर और स्नेह मिलता है, तो वह कभी विध्वंसकारी गतिविधियों में भाग लेने के बारे में नहीं सोचता। कभी गुण्डा या बदमाश बनने, चोर-डकैत या आतंकवादी बनने के बारे में नहीं सोचता। वैसे भी कोई स्वस्थ व्यक्ति कभी भी ऐसी निन्दनीय गतिविधियों में भाग लेना नहीं चाहता है। हममें से हरेक जानता है कि चोर-डकैत तथा गुण्डे-बदमाशों का जीवन कितना अपमानजनक होता है। हर समय उनके पीछे पुलिस लगी रहती है। उनको कब पुलिस की गोली आकर लग जाये, कुछ कहा नहीं जा सकता।

इसी तरह कौन भला देशद्रोही या आतंकवादी बनना चाहेगा ? हर कोई आदमी चाहता है कि जब तक वह पृथ्वी पर जीवित रहे, उसका जीवन चैन या सुख-शान्ति से बीते। जिनको हम गुण्डे-बदमाश, चोर-डकैत और आतंकवादी कहते हैं, वे भी सुख-सन्तोष का जीवन गुजारना चाहते हैं लेकिन उनके द्वारा किये गये पापकर्म या गलत कर्म उनको चैन से बैठने नहीं देते। वे एक न एक दिन उनको पाप या दुष्कर्म के अंजाम तक अर्थात् मृत्यु के द्वार तक पहुँचा ही देते हैं।

सूरज शीतल होना चाहता है, अविराम बहती नदी विश्राम चाहती है, कुछ देर ठहरकर शान्ति का अनुभव करना चाहती है, पेड़-पौधे अन्य जीव-जन्तुओं की तरह पृथ्वी पर भागना और दौड़ना चाहते हैं, हवा एक क्षण रुकने को व्याकुल है। सृष्टि का हर जीव, हर तत्व, हर कण-कण अपनी स्थिति में परिवर्तन चाहता है। आज कोई भी अपनी स्थिति या दशा से सन्तुष्ट नहीं है। हममें से हर मानव भी बदलाव चाहता है, कुछ नया कर दिखाना चाहता है, कुछ और पाना चाहता है। अपनी वर्तमान दशा से हमको तनिक भी सन्तोष नहीं है। हम एक क्षण के लिए भी नहीं सोचते कि हमको जो मिला है, काफी है। परमात्मा की हमारे ऊपर कृपा हुई है। इसके बजाय अपनी असफलताओं के लिए, अपने धनाभाव, तकलीफ और परेशानियों के लिए हम ईश्वर को दोष देने लगते हैं। हम भूल जाते हैं कि ईश्वर दयालु है। वह कभी किसी को दुःख, परेशानी या मुसीबतें नहीं देता। जितने भी संकट हमें अपने जीवन में झेलने पड़ते हैं, वे ईश्वर की देन नहीं बल्कि हमारी अपनी देन हैं। हमने ही अपने अशुभ विचारों से तथा अशुभ कर्मों से अपने लिए

मुसीबतें पैदा की हैं। हमको खुद ही अपने परेशानियों को दूर करना होगा, तभी हम जीवन में सच्ची खुशी पा सकेंगे। कोई फरिश्ता, कोई देवदूत हमको हमारी मुसीबतों से छुड़ाने नहीं आयेगा। हमको अपने बन्धन स्वयं ही दूर करने होंगे।

स्नेह की भावना मनुष्य के मन के कई रिक्त–स्थलों की पूर्ति कर देती है। आदमी को अगर धन–दौलत का अभाव भी होगा, रोग के कारण शरीर का कष्ट या किसी की मृत्यु के शोक का कष्ट भी होगा, तब भी स्नेहभाव के कारण वह कष्ट या दर्द अपने–आप हल्का हो जाया करता है। अगर किसी व्यक्ति को सच्चे–स्नेह का अमृत मिल जाये, तो उसका दिल बाग–बाग हो उठता है। मानों कि उसको जीवन की सबसे बड़ी निधि ही मिल गयी हो।

स्नेह, प्रेम, मुहब्बत, प्यार– ये ऐसे मधुर शब्द हैं, जिनकी चाह हर किसी को रहती है। दुनिया में भला ऐसा कौन मानव होगा, जो प्रेम के आनन्द का अनुभव नहीं करना चाहेगा? परिवार और समाज के सभी रिश्तों का आधार एक मात्र प्रेम ही होता है। अगर आपस में प्रेम की भावना नहीं है, तो कोई भी मानवीय रिश्ता (पारिवारिक या सामाजिक रिश्ता) अधिक दिनों तक कायम नहीं रह पाता है। प्रेम ही वह सीमेण्ट पदार्थ है, जो रिश्तों के जोड़ को मजबूत बनाता है।

प्यार से ही उन्नति और सुख के रास्ते खुलते हैं

जहाँ मानव–मानव के बीच आपस में प्यार होता है, वहाँ उनकी मुश्किलों या मानसिक समस्याओं का कोई न कोई हल निकल ही आता है। जहाँ स्नेह होता है, वहाँ मानव की उन्नति और खुशहाली का हर द्वार खुल जाता है। स्नेह के होते हुए मनुष्य को कठिन से कठिन रास्तों पर चलने में कोई मुश्किल नहीं होती। स्नेह के आकर्षण में बँधी हुई अनेक चीटियाँ चलते–चलते किसी शिलाखण्ड और चट्टानों के शीर्ष पर भी पहुँच जाती हैं। जब पर्वतारोही यात्रियों का दल अपनी मंजिल को तय करना शुरू करता है, तो उन्हें शुरू में अपना लक्ष्य कठिन लगता है लेकिन आपसी सहयोग, सद्भावना और प्रेम–प्यार के आकर्षण में बँधे हुए सभी पर्वतारोही पथ की मुश्किलों को झेलते हुए मार्ग पर आगे बढ़ते जाते हैं।

आज मानव के जीवन में कहीं खुशी नहीं है। उसे अपना जीवन बोझ लगने लगा है, क्योंकि दूसरों से प्यार करना उसने भुला दिया है। स्नेह का स्थान स्वार्थपूर्ति, चालाकी, धोखेबाजी, झूठ–फरेब और मक्कारी ने ले लिया है। यही कारण है कि व्यक्ति अपने जीवन को कई समस्याओं से घिरा हुआ पाता है।

जहाँ पर प्यार नहीं होता, वहाँ खुशी तो होती ही नहीं है, उल्टे कई तरह की

मुश्किलें, समस्याएँ अथवा परेशानियाँ ही वहाँ पर पैदा हो जाती हैं। अगर आपस में प्रेम नहीं होगा, तो जरूर एक-दूसरे के बीच नफरत होगी, ईर्ष्या होगी, दुश्मनी या विरोध की भावना होगी। इस प्रकार की दुर्भावनाएँ व्यक्ति के जीवन की खुद बड़ी समस्याएँ हैं। इनके होते हुए वह अन्य मुश्किलों से कैसे बच सकता है?

खुशी की लहरें (प्रकम्पन) पैदा कीजिए

प्रत्येक व्यक्ति, प्रत्येक वस्तु के चारों ओर उसके निजी तत्वों का एक आभामण्डल होता है। हर अच्छा या बुरा मानव अपने शरीर के जरिये शुभ और अशुभ प्रकार के प्रकम्पन वातावरण को भेजता रहता है। ये प्रकम्पन पुनः उसके पास लौटकर आते हैं, जिससे व्यक्ति अपने माहौल में दुःख या सुख का अनुभव करता है।

जेल में रहने वाले कैदियों की, मन्दिर में रहने वाले पुजारी की, कुटिया में रहने वाले ब्रह्मचारी की तथा बीबी-बच्चे के साथ घर में रहने वाले गृहस्थ मानव की विचारधाराएँ अलग-अलग प्रकार की होती हैं। सबके विचार और कर्म अलग-अलग प्रकार के होते हैं। जिस प्रकार संसार में दो व्यक्ति की शक्लें नहीं मिलतीं, उसी प्रकार दो व्यक्ति के स्वभाव संस्कार और विचार आपस में मेल नहीं खाते हैं। हर कोई व्यक्ति जैसे माहौल के बीच रहता है, अपने विचार, भावना, स्वभाव, आचरण और कर्म से उस माहौल को प्रभावित करता है तथा उस माहौल से वह खुद भी प्रभावित होता है।

एक कैदी व्यक्ति को कभी जेल में सच्ची खुशी का अनुभव नहीं हो सकता, क्योंकि जेल में उसको कहीं भी घूमने-फिरने की आजादी नहीं होती। जेल में इनसान को चारदीवारी के बीच रहना पड़ता है। स्वतन्त्रता सुख का मूल आधार है। जहाँ स्वतन्त्रता नहीं, बन्धन हो, वहाँ जीवन की सच्ची खुशी का अनुभव कैसे हो सकेगा? बन्धन के अलावा जेल के कैदियों के बीच आपसी प्रेम-प्यार और सद्भावों की कमी होती है। वे न एक दूसरे के प्रति शुभचिन्तक होते हैं और न उन्हें एक-दूसरे के सुख-दुःख की चिन्ता रहती है। अपने भूतकाल को लेकर कैदी दुःखी रहता है, वर्तमान तथा भविष्य को लेकर भी चिन्तित, परेशान और उदास रहता है। ऐसी मानसिकता उसे कभी जिन्दगी की सच्ची खुशी का अनुभव नहीं करने देती।

लेकिन मन्दिर के पुजारी की दशा दूसरे प्रकार की होती है। मन्दिर की चारदीवारी के अन्दर रहता हुआ भी वह मन्दिर से बाहर आने-जाने के लिए स्वतन्त्र रहता है। अपने इष्टदेव/देवी या भगवान के प्रति उसका पूज्यभाव, समर्पणता का भाव रहता है। वह समझता है कि वह ईश्वर के आशीर्वाद की छत्रछाया में पल रहा

है। ईश्वर उस पर मेहरबान है। वह दया–करुणा–प्रेम और सुख का सागर ही उसे मन की सुख–शान्ति और सन्तोष को देने वाला है।

मन्दिर के पुजारी की मानसिकता, जेल के कैदी की मानसिकता से बिल्कुल अलग प्रकार की होती है। वह स्वयं के अन्दर निमित्त भाव बनाये रखता है। सच्चा पुजारी सच्चा धार्मिक होता है। धर्म की शिक्षाओं को अपने जीवन तथा आचरण में उतारता हुआ वह सदा सरल, विनम्र और मधुर स्वभाव वाला बना रहता है। कैदी और पुजारी की तरह एक ईश्वर–साधक ब्रह्मचारी और सामान्य गृहस्थ की मानसिकता एवं जीवनचर्या में बड़ा अन्तर पाया जाता है। हम यह नहीं कह रहे हैं कि ब्रह्मचारियों का जीवन गृहस्थों से कई गुना अच्छा या महान होता है, लेकिन संसार में दोनों की अपनी–अपनी जगह है, अपना–अपना स्थान और महत्व है।

एक सच्चा ब्रह्मचारी (ब्रह्मनिष्ठ व्यक्ति) सोचता है कि वह केवल एक ईश्वर की आराधना करेगा और प्रभु से ही अपने मन की डोर लगाये रखेगा। गृहस्थ लोगों की तरह धन कमाने या काम–धन्धा, नौकरी आदि करने की उसे कोई जरूरत नहीं है। उसे तो जब तक जिन्दगी की साँसें चलती हैं, ईश्वर के आश्रित होकर ही रहना है। दुनिया के देहधारी लोगों से कोई लगाव या मोह–ममता नहीं रखनी है।

दूसरी तरफ सामान्य प्रकार के गृहस्थ जन सोचते हैं कि हमने अपने बीबी–बच्चों को बनाया और रचा है। यदि हम इनकी देखभाल या परवरिश नहीं करेंगे, तो कौन इनकी मदद करेगा? ईश्वर तो निराकार और शरीररहित है। वह थोड़े ही हमारे बच्चों को अपनी जरूरतों की पूर्ति के लिए रुपया–पैसा कमाकर दे देगा? भगवान की तो यही हमारे ऊपर कृपा है कि उसने मेहरबानी करके हमको मानवशरीर दिया है। ईश्वर ने यह शरीर हमको कर्म करने के लिए दिया है। अपने बीबी बच्चों की परवरिश के लिए रुपया–पैसा कमाने के लिए दिया है।

इतना सब होते हुए भी ब्रह्मचारी व्यक्ति के जीवन में किसी प्रकार बन्धन नहीं होता, कई लोगों को जिम्मेदारी या चिन्ता फिक्र नहीं होती, इसलिए वह प्रभु–याद की मस्ती में आनन्द से जीवन बिताता है। रूखी–सूखी खाकर भी सन्तुष्ट रहता है, प्रसन्न रहता है। मन्दिर का पुजारी भी अपना सबकुछ ईश्वर को मानकर निश्चिन्त रहता है। सच पूछिए तो इस प्रकार की ईश्वर–समर्पणता, बन्धनमुक्ति, सन्तुष्टि ही मानव की खुशी का मूल कारण है। जहाँ बन्धन है, चिन्ताओं का बोझ है, असन्तोष है, वहाँ खुशी एक पल के लिए भी नहीं ठहर सकती, जैसा कि जेल के कैदियों और सामान्य गृहस्थों के जीवन में होता है। इनमें से अधिकांश व्यक्ति अपने–आपको ही कर्ता–धर्ता मानकर चलते हैं। जिन्दगी व्यतीत

करते हुए तनाव, बोझ, चिन्ता और असन्तोष अनुभव करते हैं। यही कारण है कि ऐसे लोग आये दिन दुःखी रहते हैं।

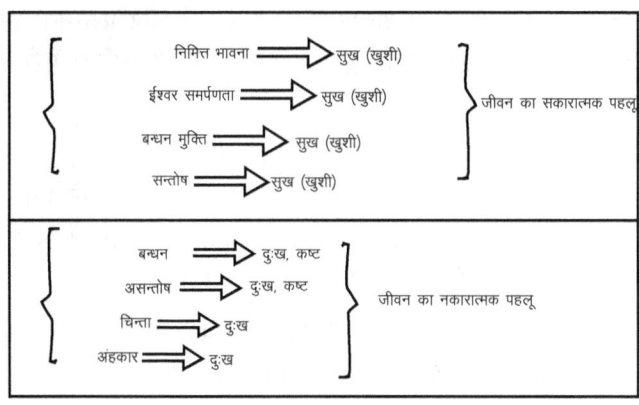

आपके जीवन में भले ही दुःख और परेशानियाँ कितनी ही अधिक क्यों न हो, लेकिन उनसे मुक्त होने के लिए आपको अपने चारों तरफ के माहौल में खुशी की लहरें जरूर पैदा करनी होंगी। अपने मन को इस प्रकार अनुकूल बनाना होगा कि चारों तरफ बुराई और अशुभता होते हुए भी आपको सभी कुछ अच्छा तथा शुभ लगे।

एक व्यक्ति जब प्रसन्न होता है, मुस्कराता है, तो उसके चारों तरफ के माहौल में खुशी की लहर फैलती है। कोई दूर खड़ा व्यक्ति भी उसको हँसता–मुस्काराता देखकर प्रसन्न हो उठता है। खुशी के प्रकम्पन या खुशी की लहरें प्रसन्न व्यक्ति के मुखमण्डल से चारों ओर स्वतः ही सूक्ष्म प्रकम्पनों के रूप में फैलने लगती हैं।

खुशी की लहर को चारों तरफ फैलाना या दूसरों को खुशी का दान देना भी मनुष्य का परोपकार या पुण्यकार्य है। इससे जहाँ दूसरों को मानसिक–लाभ मिलता है, वहीं दूसरी ओर खुशी की लहर फैलाने वाला व्यक्ति खुद भी इस पुण्यकर्म से लाभान्वित होता है। उसे ऐसा महसूस होता है, मानों सारी परिस्थितियाँ उसके अनुकूल हो गयी हैं तथा इन दशाओं से वह बड़ी आसानी से अपने लक्ष्य को पूरा कर सकता है।

आदर-सत्कार-विमर्श

जब कोई व्यक्ति मेहमान बनकर हमारे घर आता है, तो उसे देखकर हमें

खुशी होती है। जो लोग दूर देश से चलकर आये मेहमान को देखकर परेशान हो उठते हैं, वे सच पूछिये तो अपने जीवन से खुद दुःखी हो चुके होते हैं। कोई दुःखी–परेशान व्यक्ति भला किसी का स्वागत–सत्कार कैसे कर सकता है ? सत्कार के लिए तो व्यक्ति के अन्दर उत्साह, स्फूर्ति और प्रसन्नता होनी चाहिए। वह चीज हमारे अन्दर तब आती है, जब हम अपने जीवन को पूरी सच्चाई और ईमानदारी के साथ जीते हैं।

कभी भी किसी व्यक्ति के बारे में अशुभ नहीं सोचना चाहिए। यदि हम ऐसा करते हैं, तो इससे हम दूसरे का तो कुछ नहीं बिगाड़ पाते लेकिन अपने जीवन का सबसे बड़ा नुकसान यह कर लेते हैं कि दूसरों के बारे में अशुभ सोचते ही हमारे मन की खुशी हमारे अन्दर से गायब हो जाती है।

भारतवर्ष में अतिथि को देवता मानकर उसका यथाशक्ति स्वागत– सत्कार करने की परम्परा है। संस्कार–सम्पन्न लोग खुद कष्ट झेलकर भी अतिथि को सुख–सुविधा की वस्तुएँ उपलब्ध कराते हैं ताकि उसको अच्छा लगे। उसे उनके घर आना सार्थक जान पड़े। ऐसा नहीं है कि सारे धनवान लोग अपने अतिथियों का जोर–शोर से या खुले दिल से स्वागत–सत्कार करते हैं। इनमें से कई व्यक्ति तो इतने संकीर्ण हृदय वाले होते हैं कि अतिथि के आ जाने से अपना जीवन कष्टमय अनुभव करने लगते हैं। मानों वह अतिथि उनके घर की सारी धन–दौलत, उनका सारा सुख–चैन लूटकर ले जायेगा।

मैं तो "अतिथि" नामक उस कहानी के बारे में सोचता हूँ, जो मैंने बचपन में अपने स्कूल की हिन्दी–पुस्तक में पढ़ी थी। एक अतिथि बेचारा बड़ी उम्मीदें लेकर अपने किसी परिचित के घर जाता है। बड़ी दूर का सफर पैदल तय करके आता है। सोचता है कि परिचित मित्र के घर पहुँचने पर मेरा बड़ा स्वागत–सत्कार होगा। मुझे खाने के लिए गरम स्वादिष्ट भोजन और सोने के लिए नरम बिस्तर मिलेगा, लेकिन जब वह अपने मित्र के घर पहुँचता है, तो उसकी सारी आशाओं पर पानी फिर जाता है। उस घर के लोग घर आये हुए मेहमानों की कद्र करना नहीं जानते। अतिथि बेचारे को भोजन तक के लिए नहीं पूछा जाता।

अतिथि का सत्कार करना, उसे आदर देना मनुष्य की इनसानियत की पहचान है और हमारी भारतीय–संस्कृति का यह प्रमुख आधार है। हमारी पहचान है। अगर हम इन सांस्कृतिक मूल्यों को भूल जायेंगे, तो अपने ही देश में, अपने ही लोगों के बीच हमको भला सुख कैसे प्राप्त हो सकेगा?

आज यदि आपने किसी को आदर–सम्मान दिया है, तो वह व्यक्ति भी हमेशा

आपको आदर देता रहेगा। अगर आपने घर आये मेहमान का स्वागत–सत्कार ठीक ढंग से किया है, तो अतिथि आपकी मेहमान–नवाजी को कभी भूल नहीं पायेगा। जब संयोग से आप उसके घर मेहमान बनकर जायेंगे, तो वह भी आपकी खूब खातिरदारी करेगा।

इस प्रकार दूसरों को सम्मान देने से हमको सम्मान प्राप्त होता है तथा दूसरों की खातिरदारी करने से हमको भी खातिर मिलती है।

सद्गुणों से स्नेह : सत्कर्मों से आदर-सम्मान की प्राप्ति

यदि हम किसी व्यक्ति के अन्दर कोई अच्छा गुण अथवा विशेषता देखते हैं, तो वह व्यक्ति हमको प्यारा लगने लगता है। उसकी अच्छाइयाँ, उसके सद्‌गुण हमारे मन को भाने लगते हैं।

अच्छे गुणों से भला कौन प्यार नहीं करता? हममें से हरेक आदमी ईमानदारी, वफादारी, मधुरता, सरलता, सा़दगी तथा शालीनता एवं नम्रता जैसे गुणों को चाहता है। लेकिन समाज में बहुत थोड़े से लोग होते हैं, जो इस प्रकार के सद्‌गुणों को अपने अन्दर धारण कर पाते हैं। असल में ये ही सद्‌गुण मानव के जीवन की खुशी का आधार हैं और जो मधुरता व सरलता आदि इन सद्‌गणों को अपने जीवन में धारण कर लेता है, वह व्यक्ति हमको प्यारा लगने लगता है। उसके प्रति हमारा प्यार या स्नेह अपने–आप ही उमड़ आता है।

नन्हे–नन्हे जीव–जन्तुओं से, छोटे–छोटे बच्चों से भला कौन दुश्मनी मोल लेना चाहेगा ? वे तो कभी किसी का बुरा नहीं करते और न बुरा चाहते हैं। खरगोश और पक्षी जैसे नन्हें जीव भला किसी का क्या बिगाड़ सकते हैं। मानव को इनसे कोई खतरा नहीं होता, इसलिए सभी मानव ऐसे नन्हें जीवों को चाहते हैं, इनसे प्यार करते हैं। इसी प्रकार छोटे–छोटे बच्चों से भी प्यार किया जाता है, क्योंकि बच्चे बहुत भोले होते हैं। आयु में कम होने के कारण दुनिया की चालाकियों की उनको समझ नहीं होती। मैं एक वर्ष से पाँच वर्ष तक की आयु के बच्चों की बात कह रहा हूँ। इस आयु में बच्चों का मस्तिष्क अपरिपक्व होता है। उनका ध्यान केवल खेलने–कूदने या पढ़ने–लिखने में लगा रहता है। कोई उनसे दुश्मनी, ईर्ष्या या विरोध भी रखना चाहे, तो नहीं रख सकता। क्योंकि बच्चे कभी किसी का अहित नहीं करते। उनके मन में कभी किसी व्यक्ति के प्रति नफरत या वैर की भावना नहीं उठती। वे तो प्रतिरोध करने वाले व्यक्ति को कुछ ही समय बाद भूल जाया करते हैं।

खुशी ऐसे ही व्यक्ति के मन की झोली में समाती है, जो कभी किसी की बात का बुरा न माने। अगर कोई उसका अपमान, तिरस्कार या अहित कर दे, तो भी वह गुस्से से तिलमिला न जाये, अपमान करने वाले से हमेशा के लिए नफरत न करने लगे।

ऐसा इनसान या तो छोटा-सा अबोध बालक होता है अथवा कोई सन्त-महात्मा या महापुरुष ही हो सकता है। दुनियादारी, स्वार्थ, कपट और चालाकियों से घिरे हुए इनसान में यह सब नहीं हो सकता। यही कारण है कि ऐसे धूर्त मानव कभी जिन्दगी की सच्ची खुशी का अनुभव नहीं कर पाते। उनका ध्यान केवल रुपया-पैसा कमाने में ही लगा रहता है। सारी जिन्दगी केवल धन कमाने में ही गँवा देते हैं और जब धन का लाभ या सुख लेने का समय आता है, तो मौत उनके जीवन के दरवाजे पर दस्तक देने लगती है।

जो व्यक्ति सद्गुण धारण करेगा, उसे सबका प्यार-दुलार मिलेगा। सद्गुणों की वजह से उसका स्वभाव-संस्कार अच्छा होगा तथा सबके प्रति व्यवहार भी श्रेष्ठ होगा। सद्गुणों की धारणा होने से हमें खुशी की याचना नहीं करनी पड़ती। खुशियों के हीरे-मोती तो तब हमारे मन की झोली में अपने-आप ही गिरते रहते हैं।

जिस प्रकार अच्छे गुण अपनाने से सबका प्रेम प्राप्त होता है, उसी प्रकार नेक कर्म करने से व्यक्ति अपने समाज और देश में सम्मान का पात्र बन जाता है। आज हम सन्त-महात्माओं को, महापुरुषों को शीश झुकाते हैं। इसका मुख्य कारण उनके द्वारा दुनिया में किये गये सत्कर्म हैं। कोई भी व्यक्ति जब दूसरों की भलाई का काम करता है, तो समाज में उसके कार्य की प्रशंसा होती है। वह व्यक्ति सबकी नजरों में श्रद्धा तथा आदर का पात्र बन जाता है। सत्कर्म मनुष्य को दुनिया में यश दिलाते हैं और यश ही वह चीज है, जिसके आधार पर दुनिया के लोग यशप्राप्त व्यक्ति को आदर की दृष्टि से देखने लगते हैं।

भगवान ने हमको मनुष्य का जीवन इसलिए नहीं दिया कि हम सारी जिन्दगी को केवल खाने-पीने, सोने-जागने और ऐशो-आराम करने में ही बिता दें। यदि दुनिया के सभी धनवान लोग अपने जीवन का उद्देश्य केवल ऐशो-आराम करना ही समझ लें, तो संसार के अधिकांश दीन-दुःखी, गरीब, हताश, और असहाय लोगों के जीवन की भलाई कैसे हो पायेगी ?

भगवान ने मनुष्य को मन, बुद्धि और शरीर की सामर्थ्य इसलिए दी है, ताकि इस सबके सहारे वह निराश और परेशान लोगों के दुःख कष्टों को दूर कर सके।

दुःख—मुसीबत के दौर में दूसरों की सहायता कर सके।

अभी कुछ ही वर्ष पूर्व में जापान देश में सुनामी का तूफान और भूकम्प आया था। करीब दस हजार लोगों की जानें जा चुकी थीं और लाखों लोग बेघर एवं लापता थे। थोड़ी—सी देर में जापान के अन्दर तबाही मच गयी। विश्व के अनेक देश जापान की हर प्रकार से मदद करने में लगे हुए थे। भारत ने समुद्री जहाज द्वारा बेघर हुए लोगों के लिए कम्बल भेजे थे। द्वितीय विश्वयुद्ध के पश्चात् जापान की यह दूसरी बड़ी त्रासदी थी। वहाँ के परमाणु रिएक्टरों में भी रिसाव और विस्फोट हुआ। इससे भविष्य में मानवजाति को काफी क्षति पहुँचेगी।

आज हम जापान की सहायता करेंगे, तो कल जरूरत पड़ने पर जापान देश से हमको भी मदद मिल सकती है। दूसरों का सहयोग करने से ही सहयोग प्राप्त होता है। पहले किसी की मदद की जाती है, बाद में किसी से मदद की उम्मीद रखी जाती है।

भूकम्प का आना, सूनामी लहरों का तूफान आना, अकाल—बाढ़, महामारी का फैल जाना— ये सभी प्राकृतिक प्रकोप हैं। इनमें इनसान मूकदर्शक बने रहने के सिवाय भला और क्या कर सकता है? जब तक भूकम्प थम नहीं जाता, तब तक वह खुद को तथा दूसरों को किसी खुली जगह पर या सुरक्षित स्थान पर ले जा सकता है, लेकिन आये हुए तूफान को रोकना, अकाल, बाढ़ या भूकम्प को रोकना उसके वश की बात नहीं है। यहाँ पर पता चलता है कि पृथ्वी का मानव अपने—आप में सचमुच कितना असहाय और लाचार है। भयंकर प्राकृतिक आपदा के समय अपने तथा दूसरों के बचाव के लिए वह ज्यादा कुछ कर पाने में असमर्थ होता है।

हाँ, जब भूकम्प या तूफान थम जाये, तब वह दूसरों की मदद के लिए यथाशक्ति बचाव—कार्य कर सकता है। ऐसे नेक कार्यों में हमें आगे आने की जरूरत है। यदि हमारी वजह से कुछ लोगों के जीवन की रक्षा हो जाती है, तो वे हमारे अहसान को जिन्दगी भर नहीं भुला पायेंगे तथा उनकी नजरों में हम हमेशा आदर के पात्र बने रहेंगे।

खुशी कोई ऐसा मन्त्र या वस्तु नहीं है, जिसे पा लेने के बाद आदमी को और कुछ नहीं करना पड़ता। न ही ऐसा है कि किसी को यह वस्तु अथवा मन्त्र बिना किसी परिश्रम के या बिना किसी पुरुषार्थ के मिल जाता है। खुशी कभी भी अपने—आप नहीं मिलती। इसके लिए वैचारिक अथवा शारीरिक स्तर पर आदमी को परिश्रम करना पड़ता है। मन में सुविचार सोचना, अपनी बुद्धि के

जरिये दूसरों के जीवन की समस्याओं का हल निकालना– ये सब खुशी पाने के मानसिक प्रयास हैं। दूसरी तरफ अपने शरीर द्वारा दीन–दुःखियों की मदद करना, आवश्यकता के समय दूसरों के काम आना– यह खुशी को पाने या हासिल करने के शारीरिक प्रयास हैं।

कुछ भी कहिए– मनुष्य को अपने जीवन में खुशी की सौगात किसी न किसी प्रकार के परिश्रम से ही मिलती है। बिना मेहनत के हम केवल अपना समय 'काट' सकते हैं, जिन्दगी को 'पास' कर सकते हैं, लेकिन जीवन का वह उत्साह, वह खुशी, वह नयापन और ताजगी हासिल नहीं कर सकते।

भगवान को भी आदर दें

अपने माता–पिता और शिक्षकों का सम्मान तो व्यक्ति को करना ही पड़ता है, क्योंकि उनके बहुत सारे अहसान हमारे ऊपर होते हैं। कोई भी व्यक्ति एक जन्म में इन महान विभूतियों के अहसानों का कर्जा नहीं उतार सकता। लेकिन इनके साथ–साथ ईश्वरपिता (भगवान) का भी सम्मान हमको करना चाहिए। उनके प्रति श्रद्धा–आस्था और विश्वास का भाव हमें बनाकर रखना चाहिए।

कारण यह है कि जिस प्रकार माता–पिता ने हमारे शरीर का निर्माण किया और स्कूल कॉलेजों के शिक्षकों ने हमको विद्या का दान दिया, उसी प्रकार ईश्वर ने हमारी अन्तरात्मा का निर्माण किया तथा हमको बुद्धि और विवेक प्रदान किया है। इस नाते से ईश्वर भी हमारा माई–बाप और महानतम शिक्षक व सद्गुरु है। जब आदमी अज्ञान के अन्धकार में ठोकरें खाता है, दुःखी व परेशान होता है, तो वह ईश्वर को ही अपना सबसे बड़ा सहायक और रक्षक मानकर उसको याद करता है। ईश्वर या भगवान की शिक्षाएँ हमको धर्मग्रन्थों में पढ़ने को मिलती हैं, जिनको हमारे प्राचीन ऋषि–मुनियों ने अपनी स्मृति के आधार पर बड़ी मेहनत से लिखा है। ये बातें हमारे मन को खुशी प्रदान करती हैं।

विभिन्न सन्त–महात्मा भी ईश्वर की शिक्षाओं का पाठ दुनिया के लोगों को सुनाते हैं। आजकल का इनसान तो ईश्वर को बिल्कुल भूल–सा गया है और वह सन्त–महात्माओं की शिक्षा पर भी ध्यान नहीं देता है। यही कारण है कि सुख–शान्ति या खुशी से जीने का कोई सीधा रास्ता उसे अपनी आँखों के सामने नजर नहीं आता। दुनिया के लोगों की सलाह पर चलकर वह उन उल्टे–सीधे, टेढ़े और घुमावदार रास्तों पर चल पड़ता है, जो उसे कलह–क्लेश, तनाव और दुःख की ओर ले जाते हैं।

भगवान का सद्ज्ञान, महापुरुषों की शिक्षाएँ हमारे जीवन को सच्चाई, ईमानदारी, चारित्र्य और पवित्रता का पाठ पढ़ाती हैं। सन्त-महात्माओं के वचन हमारे जीवन की बुराइयों को दूर करके हमें निष्पाप, शान्त व सुखी बनाने में सहायक होते हैं। ये सभी अच्छी बातें मनुष्य को सत्संग के जरिये सीखने को मिलती हैं। शान्तिसागर परमात्मा के पुण्य-स्मरण से मन में शान्ति आती है, जीवन की अनेक उलझनें दूर होती हुई मालूम होती हैं।

पाठकगण इस पुस्तक के अगले अध्याय "आध्यात्मिकता में रुचि" के अन्तर्गत ईश्वर-विषयक बातों के परिदृश्य में सत्संग, ज्ञान और योगादि विषयों के बारे में कुछ विस्तार से जानेंगे। ये सभी आध्यात्मिक बातें इनसान की जिन्दगी को एक नये सिरे से खुशहाल बनाती हैं तथा उसके जीवन को ताजगी, स्फूर्ति, नयी शक्ति, नयी प्रेरणाओं से भर देती हैं।

कोई आपका आदर करे या न करे, कोई आपको स्नेह दे या न दे लेकिन आपको निस्वार्थभावना से दूसरों का भला करना चाहिए। सबको स्नेह और आदर देना चाहिए। अगर आप बिना किसी चाह या इच्छा के दूसरों को स्नेह और आदर देंगे, तो आपका जीवन शीघ्र ही अनेक प्रकार की खुशियों से भर जायेगा।

✳✳✳

चौथा कदम

आध्यात्मिकता में रुचि

भौतिक जगत में आध्यात्मिक-क्षेत्र में रुचि रखने वाले लोगों की संख्या बहुत कम है। कारण यह कि आध्यात्मिक जगत की सारी वस्तुएँ (आत्मा, परमात्मा, ज्ञान इत्यादि) अदृश्य प्रकार की होती हैं। इनसान इनको अपने बाह्य नेत्रों से या चर्म-चक्षुओं से नहीं देख सकता। और जो चीज आँखों से दिखायी नहीं देती, आदमी उसके बारे में खोजबीन करना या ज्यादा लम्बी बातचीत करना कम जरूरी समझता है।

तथापि ईश्वर या परमात्मा का अस्तित्व है, मनुष्य की आत्मा का अस्तित्व है— इस बात से इनकार नहीं किया जा सकता।

सच्ची खुशी : (आत्मिक आध्यात्मिक) खुशी

देहरूप से खुश हो लेना ही खुशी का सार या अन्त नहीं है। मनुष्य को सच्ची खुशी तो तब मिलती है, जब उसकी देह के साथ-साथ उसकी आत्मा भी भीतर से खुश हो, परन्तु जब तक मनुष्य की अन्तरात्मा कई प्रकार के बन्धनों से स्वतन्त्र नहीं होगी, जब तक सही ज्ञान या दिशा-बोध उसको न होगा, तब तक सच्चे मन से खुश न रह सकेगी।

आध्यात्मिकता के मायने

आध्यात्मिकता का अर्थ मनुष्य के जीवन के मूलभूत विषयों पर विचार करना है। शरीर, धन, दौलत वस्तुएँ और पदार्थ मानव के जीवन का मूल कारण नहीं हैं। ये सब तो नश्वर या विनाशी चीजें हैं, जबकि मानव का अस्तित्व चिरस्थायी है। वह

अपने—आप में सदा अविनाशी, सदा उपस्थित है।

देह के अन्दर मौजूद आत्मशक्ति ही मनुष्य का अस्तित्व या उसकी असली पहचान है। आत्मा को जानना—पहचानना ही मानव की सच्ची पहचान है। अपनी अन्तरात्मा को जानने के अतिरिक्त आध्यात्मिकता में परमात्मा सम्बन्धी विषयों पर भी चर्चा की जाती है।

परमात्मा या ईश्वर को मनुष्य की अन्तरात्मा का पिता अथवा रचयिता (कर्त्ता) कहा जाता है। कहते हैं कि वह संसार की लाखों—करोड़ों, मनुष्यात्माओं के अलावा सारे देवी—देवताओं, पीर—पैगम्बरों तथा धर्म—संस्थापकों का रचयिता भी है। वह सर्वशक्तिमान, सर्वज्ञ और त्रिकालदर्शी है। ऐसे निराले ईश्वर को जान लेने से मनुष्य के मन की खुशी की कोई सीमा नहीं रहती।

आत्मा और परमपिता परमात्मा अथवा ईश्वर के अलावा योग—साधना के विषय को भी आध्यात्मिक क्षेत्र में शामिल किया जाता है। योग का मतलब है— अपनी अन्तरात्मा या मन को परमपिता अथवा ईश्वर से लगाना। जब मनुष्य की आत्मा, परमात्मा से जुड़ जाती है, तो उसके मन के सारे दुःख, अभाव, कष्ट, कमजोरियाँ और बुराइयाँ अपने—आप दूर हो जाती हैं।

आध्यात्मिकता का सम्बन्ध मनुष्य के आन्तरिक गुणों से, जीवनमूल्यों से तथा जीवन की बेहतर धारणाओं से भी होता है। सद्गुण मनुष्य की आत्मा से ही जुड़ी हुई चीजें हैं। ये मानव की देह में नहीं होते। आत्मा कुछ गुणों को अपने साथ लेकर पृथ्वी पर जन्म लेती है और कई गुण मृत्यु के पश्चात उसकी आत्मा के साथ दूसरे जीवन में चले जाते हैं।

शरीर सिर्फ मुखौटा या बाहरी आवरण है : आत्मा ही सच्ची खुशी का आधार

दैनिक जीवन में हम अपने परिवार, आस—पड़ोस के लोगों, नाते—रिश्तेदार, मित्रों या समाज के लोगों के सम्पर्क में आते हैं। हमें केवल उनका भौतिक शरीर ही दिखायी देता है और शरीर के पीछे छिपी चेतनशक्ति आत्मा को हम भूल जाते हैं। यह 'आत्मा' नाम की शक्ति ही जीवन की सच्ची खुशी का आधार है।

आँखें तो केवल चर्मचक्षु या चर्म—खिड़कियाँ मात्र हैं। मुर्दे व्यक्ति के अन्दर भी आँखें होती हैं, लेकिन उन आँखों द्वारा देखने वाली आध्यात्मिक शक्ति (आत्मा) उसके मस्तिष्क में नही होती। यही कारण है कि मुर्दा व्यक्ति कुछ देख—समझ नहीं

पाता। मुर्दे के नेत्र, कान, नाक, मुख और हाथ–पैर आदि शरीर के सारे उपकरण या अंग मौजूद होते हैं, लेकिन आत्मा के अभाव में न तो वह कुछ सुन पाता है, न कुछ बोल पाता है और न ही गन्ध को सूँघ पाता है।

यद्यपि मृत इनसान में शरीर और शरीर की सारी इन्द्रियाँ मौजूद होती हैं, लेकिन इन्द्रियों का संचालन करने वाली, इन्द्रियों द्वारा सुख और दुःख को महसूस करने वाली आत्मा उसके अन्दर नहीं होती है।

उपर्युक्त बातों से कुछेक निष्कर्ष बड़ी आसानी से निकाले जा सकते हैं :–

(1) मनुष्य की आत्मा ही आँखों के जरिये देखती है।
(2) मनुष्य की आत्मा ही कानों द्वारा सुनती है।
(3) मनुष्य की आत्मा ही मुख द्वारा बोलती है।
(4) आत्मा–शक्ति ही नाक से सूँघने का काम करती है।
(5) आत्मा–शक्ति ही हाथ–पैरों से कार्य करती है।

अगर मनुष्य की अन्तरात्मा या आत्मा उसके भौतिक शरीर से निकल जाये, तो उसकी देह एकदम निर्जीव या मुर्दा हो जायेगी, तब –

(1) न आदमी आँखों से देख सकेगा।
(2) न वह कानों से सुन सकेगा।
(3) न वह मुख से बोल पायेगा।
(4) न नाक से सूँघ सकेगा, और
(5) न ही हाथ–पैरों द्वारा अपना कोई काम कर सकेगा।

कितने आश्चर्य की बात है कि हमने अपने शरीर में विद्यमान खुशियों के एकमात्र स्रोत, सुख–शान्ति एवं आनन्द के मूल स्रोत– आत्मा को ही भुला दिया है। जबकि हमें अपने स्वयं के बारे में, अपनी आत्मा के बारे में कुछ भी पता नहीं है, तो जीवन की सच्ची खुशियाँ हमको भला कैसे प्राप्त हो सकती हैं ?

जिस देह को मानव इतना चाहता है, उससे प्यार–मोहब्बत करता है, उसमें सिवाय विषय–वासना और भोग के कुछ भी नहीं है। देह तो केवल भोगने या खेल–खिलवाड़ करने की चीज (उपकरण) है लेकिन देह–यन्त्र या देह–उपकरण के जरिये जितना भी आनन्द और सुख का अनुभव होता है, वह सब मनुष्य की

आत्मा ही करती है।

शरीर तो जीवन के सुख और दुःख को अनुभव कराने वाला स्थूल साधन–मात्र है, लेकिन सुख या दुःख की अनुभूति, खुशी की अनुभूति आत्मा के ही अन्दर होती है। अगर हम अपनी आत्मा को भुला देंगे तथा अपनी देह को ही सब कुछ मान लेंगे, तो आत्मा की शत–प्रतिशत या सच्ची खुशी का अनुभव नहीं कर पायेंगे।

मनोवैज्ञानिकों का ऐसा मानना है कि मनुष्य के मन के अन्दर 100 प्रतिशत शक्ति होती है, लेकिन देहरूपी यन्त्र के जरिये मनुष्य अपने मन की शक्ति का केवल 6 प्रतिशत भाग ही प्रयोग में ला पाता है। देह का आवरण मन की कई सूक्ष्म शक्तियों को प्रयोग में लाने से रोक देता है।

ऐसी ही बात आत्मा के सम्बन्ध में कही जा सकती है। मनुष्य की आत्मा के अन्दर सौ प्रतिशत खुशी होती है, लेकिन शरीर या देह द्वारा पृथ्वी पर जन्म लेने के कारण मनुष्य की आत्मा देहरूपी पिंजरे से बँध जाती है। इससे आत्मा की खुशी (बन्धन के कारण) कम हो जाती है। शिशु अवस्था में तो केवल आत्मा को शरीर का ही बन्धन रहता है, इसलिए आत्मा की खुशी 5 या 10 प्रतिशत इस बन्धन के कारण कम हो जाती है। जैसे–जैसे इनसान बड़ा होता जाता है और कई प्रकार की चिन्ता–फिक्र, मोह–आसक्तियाँ उसको जकड़ लेती हैं, तो आत्मा की (90 प्रतिशत) खुशी में 10 प्रतिशत से लेकर 40 प्रतिशत तक और कमी आ जाती है। युवावस्था और प्रौढावस्था में शराब, बीड़ी–सिगरेट, जुए–सट्‌टे तथा तेज नशीले पदार्थों की लत उसके मन की शक्ति और आत्मा की शक्ति को 10 प्रतिशत से लेकर 30 प्रतिशत या 40 प्रतिशत तक कम कर देती है। अब उसके पास केवल 10 प्रतिशत या 20 प्रतिशत खुशी ही बाकी बचती है। वृद्धावस्था के कठिन रोग, दुःख सन्ताप, कष्ट और अभावों के तले वह शेष खुशी भी दब–पिस जाती है।

दुर्व्यसन तथा बुराइयाँ आत्मा की खुशी के साथ–साथ मन की शक्ति और बुद्धि की निर्णयक्षमता का भी ह्रास कर डालती हैं। इतना सब होने की वजह से मानव भला अपने भीतर सच्ची खुशी का अनुभव कैसे कर सकता है ? आत्मा की खुशी, मन की स्मरणशक्ति और बुद्धि की निर्णयशक्ति में आने वाली गिरावटों के कारण मनुष्य चाहते हुए भी जीवन में भरपूर सुख–शान्ति, खुशी एवं आनन्द का अनुभव नहीं कर पाता है।

आज मनुष्य के मन से खुशी का खजाना गायब हो चुका है, लुट चुका है। खुशी के बजाय दुःख-मुसीबतों के कई कारण आज संसार में मौजूद हैं। मानव को चाहिए कि वह शरीररूपी मुखौटे या देह के बाहरी आवरण में ही उलझकर न रह जाये, अपितु देह को भेदते हुए हमें आत्मा के सत्य पर नजरें टिकानी चाहिए। तभी हम खुशी की चरम सीमाओं का आनन्द अनुभव कर सकते हैं।

आध्यात्मिक ज्ञान केवल साधु-संन्यासियों का विषय नहीं, जन-सामान्य का भी विषय

कुछ लोग अपने बच्चों को आध्यात्मिक ज्ञान की बातों से या सत्संग आदि से दूर रखते हैं, क्योंकि वे सोचते हैं कि ज्ञान-ध्यान की बातें सुनकर उनको साधुओं की तरह वैराग्य आ जायेगा, वे अपने माँ-बाप को छोड़कर ईश्वर की साधना करने वन में चले जायेंगे अथवा संन्यास ले लेंगे। लेकिन यह केवल उनका मिथ्या भय होता है। आध्यात्मिक ज्ञान मानव के जीवन की खुशियों का सच्चा स्रोत है। प्राचीनकाल में ऋषि-मुनि लोग अपने गुरुकुल आश्रमों के अन्दर भारतीय बालकों को आध्यात्मिक ज्ञान की शिक्षा इसलिए देते थे, ताकि वे अपने जीवन के मूल विषय से, अपने स्वयं के अस्तित्व से अर्थात् आत्मा से जुड़ सकें।

आध्यात्मिक ज्ञान के अलावा गुरुकुलों में सामान्य शिष्टाचार एवं सद्व्यवहार की बातें भी बच्चों को सिखायी जाती थीं। माँ-बाप के पैर छूना, उनकी आज्ञा का पालन करना, मित्रों से स्नेह का व्यवहार रखना, ईमानदारी तथा सत्यता पर चलना— ऐसी नैतिक बातें भारतीय बालकों को समझायी जाती थीं। ये सभी बातें ज्ञान के मुख्य विषयों में से एक हैं तथा सत्संग के जरिये इनसान को ये सब बातें सीखने को मिलती हैं।

यह कहना गलत नहीं है कि साधु-संन्यासियों के जीवन का प्रमुख विषय आध्यात्मिक ज्ञान का मनन-चिन्तन करना है लेकिन इतना होने पर ही ज्ञान को साधारण मनुष्यों के जीवन से एकदम अलग माना जाये— यह सोचना ठीक नहीं है।

ज्ञान पा लेने का मतलब यह नहीं है कि अब मनुष्य वैरागी बन गया तथा उसका दीन-दुनिया से कोई सम्बन्ध ही न रहा। हम चैतन्य महाप्रभु, शंकराचार्य, बल्लभाचार्य, दयानन्द सरस्वती तथा स्वामी विवेकानन्द जैसे महात्माओं के बारे में जानते हैं। साधु-संन्यासी प्रवृत्ति के होते हुए भी, सन्त-ज्ञानी होते हुए भी उन्होंने

लोकोपकार या मानव–कल्याण के कार्यों से मुख न मोड़ा।

ईश्वरीय ज्ञान पा लेने का मतलब है कि ज्ञान का जो अनमोल खजाना हमको मिला है, उसे हम दूसरों के बीच भी बाँटें। दूसरों को ज्ञान की बातें बताकर उनके मन का अज्ञान अन्धकार दूर करें। अपने ज्ञान–विवेक से दूसरों के जीवन की समस्याओं को, उनके मन की परेशानियों को दूर करें। यही आध्यात्मिक ज्ञान की सबसे बड़ी सार्थकता है।

आध्यात्मिक ज्ञान कोई ऐसी विनाशी पूँजी नहीं है, जिसे तिजोरी में या ताले–अलमारी में बन्द करके कैद किया जा सके। यह तो एक प्रकाश की तरह है, दिव्य खुशबू या सुगन्ध की तरह है। प्रतिपल फैलते रहने में ही उसकी सार्थकता है।

किसी कवि ने कहा है :–

"....ज्ञान गंध है

मनुष्य पुष्प, उस दिव्य आत्मा, मन का

जो न करता मात्र विमोहित

परिवर्तित करता है......"

आध्यात्मिक ज्ञान भी पूर्व अध्याय में बताये गये स्नेह के अलौकिक जादू की तरह अपने–आप में एक जादू ही है। जिस प्रकार स्नेह के प्रभाव से आदमी का मन बदल जाता है, उसी प्रकार आध्यात्मिक ज्ञान मिल जाने पर आदमी का दृष्टिकोण, जीवनलक्ष्य तथा सम्पूर्ण जीवन ही बदल जाया करता है।

लेकिन यह कहना कि ज्ञान–ध्यान और सत्संग घर–गृहस्थी वाले व्यक्तियों या बच्चों–किशोरों के जीवन से कोई सम्बन्ध नही रखता– यह बात ठीक नहीं है। इन चीजों से तो मनुष्य की आत्मा का परिष्कार होता है। उसकी अन्तरात्मा में शुद्धि आती है, मानव के व्यक्तित्व में निखार आता है और, जनसाधारण लोग भी इसका लाभ ले सकते हैं।

आध्यात्मिकता में रुचि रखने की उम्र

भारत में कुछ लोग ऐसा मानते हैं कि ज्ञान सुनने–सुनाने की उम्र वृद्धावस्था ही होती है। बचपन में तो आदमी को खेलना–कूदना और लिखना–पढ़ना चाहिए। युवावस्था में उसे मौज–मस्ती करनी चाहिए और अपनी घर–गृहस्थी को अच्छी तरह सम्भालना चाहिए। चूँकि बुढ़ापे या वृद्धावस्था में आदमी के पास अन्य

कोई काम या जिम्मेदारी नहीं रहती, इसलिए उस ढलती उम्र में भगवान का ध्यान लगाना चाहिए और सत्संग आदि आध्यात्मिक कार्यों में रुचि रखनी चाहिए, ताकि उसके मन में सुख–शान्ति बनी रहे। लेकिन इस बात में कोई वजन या गहरा अर्थ नहीं है। ज्ञान सुनने–सुनाने या धारण करने की कोई उम्र नहीं होती है। मनुष्य के अन्दर जब ज्ञान के प्रति जागृति या चेतना आ जाये, जब उसके दिल में सत्संग सुनने की इच्छा जागे, तभी उसे ज्ञान सुनना–सुनाना प्रारम्भ कर देना चाहिए।

आध्यात्मिक ज्ञान मनुष्य की आत्मा को खुशी प्रदान करता है। जब हम सन्त–महात्माओं के प्रवचन या ज्ञान की बातें सुनते हैं, तो हमारे मन से संशय और अज्ञान का अन्धकार दूर होने लगता है। इससे आत्मा में अपनी निजी या वास्तविक खुशी पैदा होती है। जहाँ कहीं भागवत–कथा या शिवपुराण का पाठ हो रहा हो, वहाँ श्रोतागण ईश्वरीय कृपा की बातें सुनकर तन्मय और आनन्दविभोर होने लगते हैं। ईश्वरीय–कथा या ज्ञान–कथा का श्रवण कर मानव को एक प्रकार का अलौकिक या निराला सुख मिलता है। जब व्यक्ति को नया ज्ञान या नयी जानकारियाँ मिलती हैं, तो उसको एक अद्भुत् खुशी की अनुभूति होती है।

कहा जाता है कि जागने का कोई निश्चित समय नहीं होता। कुछ लोग सुबह के पाँच बजे, कुछ छः बजे और कुछ सात बजे जागते हैं और जब लोग जागते हैं, उनकी नजर में तभी सवेरा होता है। आदमी जिस समय जाग जाता है, तभी उसके लिए सवेरा हो जाता है। प्रतिदिन जैसे सूरज उगने पर उजाला और सवेरा होता है, उसी प्रकार आदमी को जब ज्ञान मिल जाता है, तो उसके भ्रम–संशय की रात दूर हो जाती है तथा उसके जीवन में सही दिशाबोध का सवेरा हो जाता है।

वह समय व्यक्ति के जीवन में कभी भी आ सकता है। भक्त प्रह्लाद और ध्रुव जैसे बालकों के अन्दर बहुत कम उम्र में ही आध्यात्मिक जागृति आ गयी थी। छोटी–सी उम्र में उनका ध्यान ईश्वर से लग गया था। आज भी भारतवर्ष में ध्रुव और प्रह्लाद जैसे ईश्वर के प्रति आस्थावान बालक हों, तो आश्चर्य की कोई बात नहीं है। बड़ी उम्र के लोगों की तरह बालक–बालिकाएँ भी ईश्वर की सन्तानें हैं। उनको भी ईश्वरीय मस्ती या आनन्द में विभोर हो जाने का, ईश्वरीय ज्ञान की खुशी का निराला सुख पा लेने का अधिकार है।

बालक–बालिकाएँ और किशोर–किशोरियाँ अगर आध्यात्मिक ज्ञान में रुचि रखें, तो इसके लिए उनको मना नहीं करना चाहिए। यदि वे आध्यात्मिकता में

रुचि रखेंगे, तो कुसंग और बहुत-सी व्यर्थ बातों से बचे रहेंगे। सत्संग और ज्ञान में रुचि रखने के कारण वे संयमशील रहेंगे। उनका मन एकाग्र होगा। इस वजह से वे अपनी पढ़ाई अच्छे ढंग से कर पायेंगे तथा परीक्षा में अच्छे अंक ला पायेंगे।

बच्चों के अलावा युवक-युवतियाँ भी ईश्वरीय-ज्ञान अथवा सत्संग सुनने के पात्र माने जाते हैं। इस उम्र में मनुष्य का शरीर स्वस्थ होता है, मस्तिष्क परिपक्व और समझदार होता है। बच्चे जब ज्ञान को सुनते हैं, तो सत्संग की कुछ जटिल या गूढ़ बातें उनकी समझ से परे होती हैं, जबकि युवा लोग उन बातों को आसानी से समझ लेते हैं। बचपन से लेकर युवावस्था तक अपनी जिन्दगी में वे बहुत कुछ जान चुके होते हैं। युवक-युवतियाँ सत्संग की बातों पर आसानी से अमल कर लेते हैं अथवा सहज रूप से उन बातों को अपने जीवन में धारण कर लेते हैं।

ज्ञान सुनने के शुभकार्य के लिए व्यक्ति को वृद्धावस्था तक इन्तजार नहीं करना चाहिए। वृद्धायु में तो आदमी की आँखें तथा कान आदि इन्द्रियाँ शिथिल या कमजोर हो जाती हैं। वक्ता की कम आवाज के कारण कई बातें उसके पल्ले नहीं पड़तीं, स्टेज या मंच पर कौन बैठा है- यह भी वृद्ध मानव को साफ-साफ दिखायी नहीं देता है। इसके अलावा कई वृद्ध लोगों की स्मरणशक्ति भी कमजोर हो जाया करती है। तथापि अगर कोई व्यक्ति वृद्धावस्था में आकर सत्संग या ज्ञान की बातें सुनने में रुचि रखता है, तो यह भी कोई खराब बात नहीं है। वृद्धावस्था में व्यक्ति को यह नहीं सोचना चाहिए कि उसे अपनी जिन्दगी का काफी अनुभव और ज्ञान है तथा उसके लिए अब कोई विशेष जानना बाकी नहीं रहा है।

ज्ञान की कोई सीमा नहीं है। जिस तरह ईश्वर का कोई पार नहीं है, उसी प्रकार ज्ञान की राशि भी अथाह है। प्राचीनकाल से ज्ञान को सुनने की प्रथा भारत में चली आयी है। ईश्वरीय-ज्ञान को लेकर कई ग्रन्थों की रचना भी ऋषि-मुनियों ने की है तथापि ज्ञान का कोई ओर-छोर नहीं है। आज भी भारत में कई आध्यात्मिक संस्थाएँ आध्यात्मिक ज्ञान को बाँटने में लगी हुई हैं। हमारे देश में रोजाना सैंकड़ों और हजारों साधु-सन्त कहीं न कहीं प्रवचन करते रहते हैं। ईश्वरीय ज्ञान सुनने-सुनाने का शुभ कार्य भारत में लगातार चलता ही रहता है।

सन्त-महात्माओं के प्रवचनों को सुनकर मनुष्य की सोई हुई अन्तरात्मा जाग उठती है तथा उसके भीतर ईश्वरीय प्रेम (ईश्वर के प्रति प्रेम) की भूख जगने लगती

है। मनुष्यात्मा की आन्तरिक खुशी का एक उपाय यह भी है कि जिस ईश्वर ने हम सभी को रचा है, कुछ घड़ी उस सत्यपिता को हम स्नेहपूर्वक याद करें।

कहा जाता है कि परमात्मा सुख-शान्ति का सागर है, आनन्द का समुद्र है। उस सच्चे बादशाह से मन का योग रखने के बावजूद भी हमको जीवन की खुशी न मिले— ऐसा नहीं हो सकता।

ईश्वर का आध्यात्मिक स्नेह

ईश्वर संसार की सभी मनुष्यात्माओं का महान पिता है। वह अपने किसी भी बालक को दुःख या तकलीफ में नहीं देखना चाहता। ईश्वर चाहता है कि उसकी सभी सन्तानें खुश रहें, प्रेम से मिलजुल कर रहें।

आध्यात्मिक-साधना व्यक्ति इसीलिए करता है, ताकि उसे ईश्वर का प्यार मिलता रहे। ईश्वर के प्रेम में आनन्द है, स्वतन्त्रता है, खुशी है। ईश्वर का प्यार असीमित और विशाल है। वह किसी एक धर्म या जाति के लोगों के ऊपर नहीं बरसता बल्कि संसार के सभी प्राणियों के ऊपर बरसता है। यदि मनुष्य का हृदय भी ईश्वर की तरह उदार तथा विशाल हो, तो उसे दुःखी, परेशान एवं चिन्तित होने का सवाल ही नहीं उठेगा।

लेकिन ऐसा हो नहीं पाता। दुनिया का लगभग हर एक मनुष्य अपने-अपने दायरे में कैद है। अपनी संकीर्ण सीमाओं से बँधा हुआ है। हमारे हृदय में खुशी या प्रसन्नता तो है, लेकिन या तो अपने लिए है अथवा अपने घर-परिवार के लोगों, अपने मित्रों तथा शुभचिन्तकों के लिए है। पराये या दूसरे धर्म, दूसरी जाति, दूसरे देश के लोगों से हमें कुछ लेना-देना नहीं है। जिनसे हमारा कोई स्वार्थ नहीं सधता है, उनसे भी हमको कोई खास लेना-देना नहीं होता। आध्यात्मिक ज्ञान हमको दूसरी बात सिखाता है। वह कहता है कि हम न केवल अपने घर-परिवार के लोगों या मित्रों के प्रति उदार हों, बल्कि हम दूसरों के प्रति भी उदारता तथा प्रेम की भावना बनाये रखें।

आध्यात्मिक-क्षेत्र में प्रवेश करते ही हमको ईश्वर अथवा परमपिता परमात्मा की विशालता का पता चलता है। ईश्वर एक आदर्शस्वरूप में हमको महसूस होने लगता है। हम इस बात को अपने जीवन में अपनाने लगते हैं कि हम भी ईश्वर जैसा महान बनें, उनकी तरह दयावान बनें। ईश्वर का आध्यात्मिक स्नेह पाकर मनुष्य की अन्तरात्मा प्रसन्न और हर्षित हो उठती है।

जहाँ आध्यात्मिकता : वहीं उन्नति

आध्यात्मिकता और भौतिकता– ये दो अलग–अलग चीजें हैं। भौतिकवादिता का परिणाम तो हमको पाश्चात्य देशों की संस्कृति में दिखायी दे ही रहा है। धन–प्राप्ति की दौड़ में, भौतिक उन्नति की होड़ में, विदेशों में आदमी मशीन बना हुआ है। न वह अपनी आत्मा को पहचानता है और न उसे ईश्वर की परवाह है। लेकिन भारत देश में ऐसा नहीं है। यद्यपि यहाँ भी लोग अपने परिवार की परवरिश के लिए धन कमाते हैं, नौकरी और दुकान–धन्धा करते हैं, लेकिन प्रातःकाल वे कुछ समय निकालकर ईश्वर को याद अवश्य करते हैं और रात्रि को सोने से पहले अपने सारे दिन के सफल जीवन के लिए भगवान को धन्यवाद अवश्य देते हैं।

भारत का गरीब–मजदूर व्यक्ति और रिक्शे वाला भी भगवान को अथवा अल्लाह को याद अवश्य करता है तथा रूखी–सूखी खाकर सन्तोष से रहता है। हालाँकि भारत में भी कई नेताओं और उद्योगपतियों को ज्यादा से ज्यादा (करोड़ों) रुपये कमाने की फिक्र लगी हुई है, लेकिन भारतीय–संस्कृति का यह मौलिक सिद्धान्त नहीं है कि जीवन के क्षेत्र से ईश्वर को भुला दिया जाये।

गरीब और मजदूर प्रकार के अनेक भारतीय लोगों के जीवन की खुशी का ईश्वर सबसे बड़ा आधार है। हमारे यहाँ भक्त तुलसीदास, रैदास, कबीर, सूरदास तथा मीराबाई जैसे अनेक सन्त कवि हुए हैं, जिनकी हर साँस ईश्वर के प्रति समर्पित थी। भगवान को अपने जीवन का वे सबसे बड़ा धन समझते थे। इनमें से अधिकांश सन्त–महात्मा गरीब और साधारण ही थे। तथापि ईश्वरीय प्रेम में उनको अनोखे प्रकार की आध्यात्मिक खुशी मिलती थी। वे हर पल ईश्वर के ही रंग में डूब जाना चाहते थे।

दुनिया वालों की नजर में इन सन्त महात्माओं ने भले ही भौतिक प्रगति हासिल न की हो, लेकिन भारतीयों की दृष्टि में ये उच्च मानव आज भी श्रद्धा और आदर के पात्र हैं। महात्मा कबीर, सन्त तुलसीदास और सूरदास महाराज आदि का नाम हम लोग बड़े सम्मान के साथ लेते हैं।

आध्यात्मिकता में रुचि जगाने के उपाय

यह तो जान ही चुके हैं कि मनुष्य को अपने मन की सच्ची खुशी आध्यात्मिक ज्ञान और आध्यात्मिक साधना के जरिये भी प्राप्त हो सकती है। यहाँ हम आध्यात्मिक ज्ञान की जागृति के उन विभिन्न पहलुओं पर चर्चा करेंगे, जिनके जरिये एक

सामान्य मानव के अन्दर भी आध्यात्मिक ज्ञान के प्रति रुचि जगाई जा सकती है। यथा :—

(1) प्रातःकाल शीघ्र उठें
(2) ब्राह्ममुहूर्त के समय ईश्वर–चिन्तन और आत्मचिन्तन करने का प्रयास करें
(3) रोजाना सत्संग – कार्यक्रम में शामिल हों
(4) योगाभ्यास का आनन्द प्राप्त करने का प्रयत्न करें
(5) अपने आन्तरिक गुणों को जानें
(6) एकान्त–चिन्तन करें
(7) अपनी अनुभूतियों को बढ़ायें
(8) इनसान और दुनिया को मौलिक रूप से जानने का प्रयास करें
(9) अपनी कमी–कमजोरियाँ और बुराइयाँ मिटाते जायें तथा
(10) प्रभु से प्रार्थना करके, दया की याचना करें।

शास्त्रों में मनुष्य को प्रातःकाल शीघ्र उठने की सलाह दी गयी है। योगी पुरुषों के लिए प्रातःकाल उठना शक्ति एवं स्वास्थ्यवर्द्धक माना गया है। कहते हैं कि जो व्यक्ति रात्रि को जल्दी सोकर सुबह जल्दी उठता है, उसका शारीरिक, मानसिक तथा आत्मिक स्वास्थ्य हमेशा अच्छा बना रहता है। साथ ही उसका मन निरन्तर प्रभु की ओर लगा रहता है।

प्रातःकाल शीघ्र उठने वाले व्यक्ति के मन में एक नयी स्फूर्ति, नयी ताजगी बनी रहती है। एक प्रकार की निश्चिन्तता उसके जीवन में छायी रहती है। अगर उसका मन ईश्वर की ओर लग जाये, तो परमात्मा के प्रति बड़ा ही स्नेह और आदर का भाव उसके अन्दर बना रहता है। सुबह सूर्योदय से पूर्व का वातावरण बड़ा ही एकान्तपूर्ण, शान्त एवं मधुर होता है। उस समय तो भोगी पुरुष सोये रहते हैं और योगी–तपस्वी, सर्जक और साधकगण जागते हैं। ऐसा भी धर्मशास्त्रों में लिखा गया है कि परमपिता परमात्मा सृष्टि का फेरा लगाने के लिए इसी समय पृथ्वी पर आते हैं। उस समय जो योगी पुरुष अथवा साधकगण जागे रहते हैं, परमात्मा उनको सुख–शान्ति और खुशियों का, स्नेह और शान्ति की दौलत का मुँहमाँगा वरदान देते हैं। इस प्रकार के ईश्वरीय वरदानों को पाकर इनसान का जीवन हर प्रकार के सन्तोष एवं आनन्द से भर जाता है तथा उसे अपने जीवन में किसी भी प्रकार के कष्ट, अभाव और

रिक्तता का अनुभव नहीं हो पाता।

चाहे व्यक्ति अपने-आपको कितना ही तपस्वी या साधक क्यों न समझता हो, यदि वह रात्रि को देर से सोयेगा तथा प्रातःकाल भी देर से उठेगा, तो वह आध्यात्मिकता के आनन्द का कभी अनुभव नहीं कर पायेगा। योगी पुरुष अथवा अध्यात्म की साधना करने वालों के लिए साधना करने का समय यही प्रातःकाल का होता है। अगर व्यक्ति अध्यात्म के प्रति रुचि न भी रखता हो, लेकिन उसे रात्रि को जल्दी सोकर प्रातःकाल जल्दी जागने की आदत पड़ जाये, तो उसके अन्दर अध्यात्म के प्रति रुचि अपने आप जगने लगती है।

प्रातःकाल जब आप जल्दी उठ जायें, तो आपको चाहिए कि आप दो मौलिक प्रश्नों पर विचार अवश्य करें। इनमें प्रथम प्रश्न है– मैं कौन हूँ? तथा दूसरा प्रश्न है– मैं किसका हूँ या मेरा कौन है? जब आपको अपनी अन्तरात्मा से इन दोनों ही प्रश्नों का सीधा उत्तर मिल जायेगा, तो उसी दिन से आपको अपनी अन्तरात्मा के अन्दर जीवन की सच्ची खुशी का अहसास होने लग जायेगा।

इस प्रकार के आध्यात्मिक प्रश्नों पर प्रातःकाल सूर्योदय से पूर्व या ब्राह्ममुहूर्त के समय में ही विचार करना ठीक रहता है। मैं कौन हूँ ? मैं किसका हूँ? या परमात्मा (ईश्वर) कौन है तथा उसके साथ मेरा क्या सम्बन्ध है? इस प्रकार की सभी बातें आत्मचिन्तन के दायरे में आती हैं। इन प्रश्नों से जुड़ी हुई ईश्वरविषयक बातें ईश्वरचिन्तन का विषय है। आत्मचिन्तन और परमात्मा-चिन्तन अथवा ईश्वर चिन्तन, ये दो महत्वपूर्ण विषय आध्यात्मिक जगत से जुड़े हुए महत्वपूर्ण विषय हैं। आध्यात्मिक क्षेत्र में प्रवेश करने वाला साधक और ईश्वर-आराधना करके मन की खुशी एवं आध्यात्मिक आनन्द प्राप्त करने वाला व्यक्ति इस प्रकार के मौलिक प्रश्नों पर विचार करना जरूरी समझता है।

यद्यपि भारतीय धर्मशास्त्रों में इस प्रकार के मौलिक प्रश्नों का उत्तर काफी विस्तार से और रोचक तरीके से दिया गया है लेकिन पाठकों के आत्मलाभ के लिए आत्म-चिन्तन एवं परमात्म-चिन्तन या ईश्वर-चिन्तन की सारगर्भित थोड़ी-सी बातें हम बताते हैं। आध्यात्मिकता में रुचि रखने वालों को इन बातों से आध्यात्मिक खुशी व आनन्द की प्राप्ति होगी। बिन्दुवार रूप में ये बातें इस प्रकार हैं:–

(1) मनुष्य का शरीर अपने-आप में हड्डी-माँस का पुतला है तथा आत्मा ही उसको चलाने वाली, जीवित रखने वाली चैतन्य शक्ति है।

(2) पुत्र, पौत्र, पत्नी, पति, माँ बाप– ये सभी सगे–सम्बन्धी हर जन्म में बदल जाते हैं। अगले जन्म में आदमी को नये मानवीय–सम्बन्ध या शारीरिक–सम्बन्ध प्राप्त होते हैं, लेकिन ईश्वर हमारा एक ऐसा गहरा सम्बन्धी है, जो कभी नहीं बदलता। वह प्रत्येक जन्म में वही रहता है।

(3) प्रभु या ईश्वर का हमारे साथ रिश्ता देह का नहीं बल्कि आत्मा का (आत्मिक) है। न तो परमात्मा या परमपिता के अपना कोई शरीर है, न वह किसी से दैहिक–सम्बन्ध रखता है।

(4) मैं तो परमपिता परमेश्वर का बालक हूँ ही, लेकिन संसार में जितनी भी करोड़ों मनुष्यात्माएँ हैं, वे सब उसी एक मात्र प्रभु की सन्तानें हैं।

(5) दुःख, रोग, मुसीबत, कष्ट, अभाव और मृत्यु के समय में जब दुनिया के स्वार्थी रिश्ते मनुष्य का साथ छोड़कर चले जाते हैं, तब ईश्वर हमारी सहायता करता है। हमारे द्वारा पुकारने पर दौड़ा चला आता है तथा हमारे जीवन की सारी समस्याओं को हर लेता है।

(6) ईश्वर के साथ मेरी आत्मा का रिश्ता है और मेरी आत्मा एक अजर–अमर अविनाशी चैतन्य शक्ति है।

(7) आत्मा ही मेरे जीवन का मूल अस्तित्व है।

(8) ईश्वर ही मन की सुख, शान्ति, सन्तोष एवं आनन्द का दाता है।

(9) ईश्वर हमारा रहमदिल पिता है। अगर हम सच्चे मन से उसको याद करेंगे, तो वह हमारा जीवन खुशियों से भर देगा।

(10) केवल प्रातःकाल ब्राह्ममुहूर्त का शान्त–मनोहारी एकान्तपूर्ण समय ही है, जिसमें मैं ईश्वर को निकट से जान–पहचान सकता हूँ तथा उसे महसूस कर सकता हूँ।

प्रतिदिन सत्संग–कार्यक्रम में शामिल होने से मनुष्य के मन के अन्दर आध्यात्मिकता के प्रति रुचि अपने–आप बढ़ती जाती है और जितनी रुचि उसकी इस तरफ बढ़ती है, उसके अन्दर सात्विक भावों का, सच्ची आत्मिक खुशी का उदय होता जाता है।

सत्संग वह विधि या आध्यात्मिक उपाय है, जो मनुष्य के ज्ञान को, ईश्वर के प्रति उसकी लगन को बढ़ाता है। प्राचीनकाल में ऋषि–मुनि लोग गुरुकुलों

में रहकर विद्यार्थियों को सत्संग का लाभ देते थे। आजकल तो प्रायः हर शहर में विभिन्न आध्यात्मिक संस्थानों ने अपने सत्संग–केन्द्र खोल दिये हैं, जहाँ आये दिन सत्संग कार्यक्रम होते रहते हैं। जिज्ञासुओं को आध्यात्मिक–ज्ञान से सम्बन्धित नयी–नयी बातें सुनायी जाती हैं। अनुभवी सन्तजन वहाँ ईश्वरविषयक गहरे रहस्यों के बारे में लोगों को बताते हैं। ऐसी ज्ञानपूर्ण बातें सुनकर मनुष्य का ईश्वर के प्रति प्रेम बढ़ता है तथा वह दुनिया के नश्वर भौतिक पदार्थों एवं विनाशी धन के प्रति मोह–ममता त्यागकर जीवन के अविनाशी एवं शाश्वत पहलुओं पर ध्यान देने लगता है।

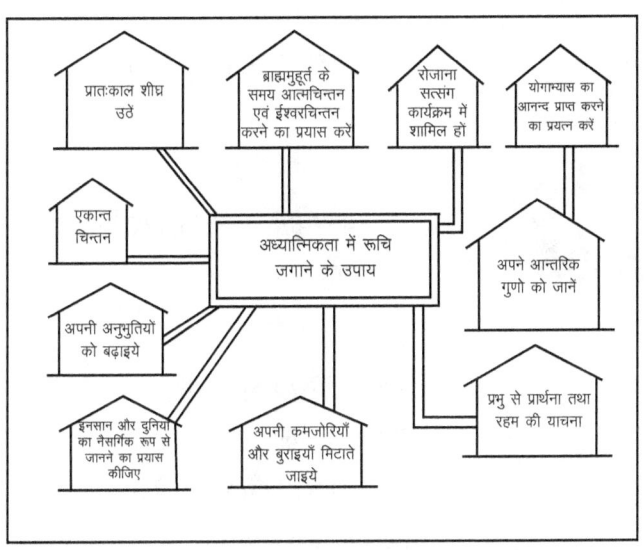

सात्विक प्रकृति के लोग सत्संग के जरिये एक प्रकार का अलौकिक आध्यात्मिक आनन्द या जीवन की सच्ची खुशी का अनुभव करते हैं।

अलग–अलग प्रकार की रुचियाँ रखने वाले लोग अलग–अलग चीजों में अपनी खुशी ढूँढ़ते हैं। एक शराबी व्यक्ति को शराब पीने में ही जीवन का आनन्द और खुशी मिलती है, जबकि एक लोकसेवक एवं परोपकारी व्यक्ति को दूसरों का भला या परोपकार करने में ही जीवन की सच्ची खुशी का अनुभव होता है। इसी तरह कवि को अच्छी कविता लिखने से खुशी मिलती है, जबकि लेखक को अपनी रुचि की पुस्तक लिखकर तथा उसे छपी हुई देखकर अपार खुशी का अनुभव होता है।

योगी साधक पुरुषों को योग–साधना या योगाभ्यास के जरिये खुशी का अनुभव होता है। एक चित्रकार को अपने मन के अनुकूल सुन्दर चित्र बनाने से तथा अपनी कृति की प्रशंसा सुनकर खुशी मिलती है। जब एक वैज्ञानिक अपने विषय को लेकर प्रयोग करता है, तो उसे सबसे ज्यादा खुशी का अनुभव होता है।

नीचे दी गयी तालिका में अन्य प्रकार की भी रुचियों वाले लोगों के जीवन की खुशी के बारे में बताया गया है:–

fofHkUu idkj dh vfHk#fp;k oky ykxk d thou dh [kf'k;k

चित्रकार को	–	चित्र बनाने से खुशी
कवि को	–	कविता लिखने से खुशी
लेखक को	–	पुस्तक लिखने से खुशी
योगी साधक को	–	योगाभ्यास से खुशी
समाजसेवक को	–	समाजसेवा करने से खुशी
वैज्ञानिक को	–	नये–नये प्रयोग करने से खुशी
सत्संगी को	–	सत्संग सुनने से खुशी
गायक को	–	गीत गाने से खुशी
पुष्प को	–	खिलने–महकने से खुशी
सूर्य को	–	उगकर उजाला देने से खुशी
चन्द्रमा को	–	रात में शीतल चाँदनी बिखेरने से खुशी
माता को	–	बच्चे को पालने से खुशी
पिता को	–	परिवार हेतु धन कमाने से खुशी
कथावाचक को	–	कथा सुनाने से खुशी
चोर को	–	चोरी करने से खुशी
ठग को	–	लोगों को ठगने से खुशी

एक सत्संगी व्यक्ति को सत्संग की ज्ञानपूर्ण बातें सुनने से जो खुशी मिलती है, वही उसके जीवन की सबसे बड़ी और अहम खुशी है।

जब रोजाना सत्संग की बातें सुनने में आदमी की रुचि हो जाती है, तभी

उसको आत्मा के विकार अवगुणों या मनोविकारों से घृणा हो जाती है। सत्संग में आने वाले अन्य सुखी और सात्त्विक लोगों को देखकर उसके मन में भी यह आशा बँधती है कि अगर वह भी सत्संग की बातों पर अमल करे, तो उसका भी जीवन कई प्रकार की चिन्ताओं से मुक्त हो सकता है।

"योगाभ्यास का आनन्द" अपने–आप में एक अद्भुत आध्यात्मिक आनन्द हुआ करता है। जो व्यक्ति सच्चे मन से ईश्वर या प्रभु को याद करता है, उसको यह आनन्द अवश्य प्राप्त होता है। पाठकों को यह जानकर आश्चर्य होगा, लेकिन यह बात सच है कि आध्यात्मिक–साधना में रुचि रखने वाले लोग जब सुख–शान्ति के सागर परमात्मा के साथ योग लगाते हैं, तो उनको अपने जीवन में सच्ची अविनाशी खुशी प्राप्त होती है। लेकिन योगाभ्यास का आनन्द व खुशी केवल उन्हीं व्यक्तियों को मिलती है, जो कि आन्तरिक रूप से निर्मल होते हैं। किसी प्रकार का छल–कपट उनके अन्दर नहीं होता। न तो वे ईश्वर से दगा करते हैं और न ही किसी अन्य व्यक्ति के साथ धोखा करते हैं।

योगाभ्यास के लिए बड़े ही धैर्य, संयम, एकाग्रता तथा शान्ति की जरूरत होती है। एक बार जिस आदमी को योगाभ्यास का आनन्द प्राप्त हो जाता है, उसका मन हमेशा खुशी में नाचता–झूमता रहता है। योगी पुरुषों की आत्मा सदैव ईश्वरीय आनन्द के नशे में चूर रहती है। उनको भाँग–शराब का नशा नहीं करना पड़ता। सच्चिदानन्दघन परमात्मा से योग होने के कारण उनके मन को अपार खुशी और आनन्द सतत् रूप से प्राप्त होता रहता है।

योगाभ्यास की एक निश्चित विधि भी है। जिस विधि की हम चर्चा कर रहे हैं, वह आसन–प्राणायाम से सम्बन्धित न होकर मनसा योग से, शिवयोग या बिन्दुयोग से सम्बन्धित है। उस योग क्रिया में साधक सर्वप्रथम अपनी देह को नश्वर मानता है तथा अपनी भृकुटियों (भौंहों) के बीच ज्योतिस्वरूप आत्मा को महसूस करता है। देह को केवल एक भौतिक वस्त्र मानकर वह अपनी अमर आत्मशक्ति या बिन्दुशक्ति को उससे भिन्न समझता है। इसके बाद वह अपने मन को पृथ्वी या नश्वर जगत से ऊपर आकाश की ओर ले जाता है तथा स्वयं को प्रकाश के शरीर वाला हल्का–फुल्का फरिश्ता महसूस करता है।

इस पृथ्वी से बहुत दूर, सूर्य–चाँद और सितारों से भी पार एक दिव्यलोक है, जिसे 'देवलोक' कहा जाता है। वहाँ ब्रह्मा, विष्णु और शंकर आदि तीन प्रमुख देवता

सूक्ष्म रूप में रहते हैं, जिनको क्रमशः सृष्टि का कर्ता, पालक और संहारक कहा जाता है। इन तीनों देवों के लोक से भी ऊपर अपने मन को ले जाते हुए, योगी साधक स्वयं को परमधाम, शान्तिधाम अथवा निर्वाणधाम में अपने—आपको पहुँचा हुआ महसूस करता है। उस शान्ति के देश में अखण्ड ज्योतिस्वरूप परमात्मा का वास है। जहाँ चारों ओर शान्ति ही शान्ति, सर्वत्र लाल सुनहरा प्रकाश एवं आनन्द ही आनन्द छाया हुआ रहता है। योगाभ्यास करते समय योगी पुरुष को अपना मन उसी परमात्मा के ज्योतिस्वरूप पर टिकाना पड़ता है।

आत्मा की सच्ची खुशी के लिए जरूरी नहीं है कि आपको थोड़े से योगाभ्यास के प्रयास से ही सम्पूर्ण खुशी प्राप्त हो जाये। इस प्रकार के आध्यात्मिक मार्ग में पहले पहल मन को साधने में बड़ी मुश्किल आती है, लेकिन एक बार मन के सध जाने पर, मन को आनन्द प्राप्त होने लगता है। जब तक आप योगाभ्यास के बारे में, इसकी प्राप्ति या लाभों के बारे में जानेंगे नहीं, तब तक आपको आध्यात्मिक खुशी पूरी तरह प्राप्त नहीं हो सकेगी। योगाभ्यास के आनन्द को प्राप्त करने के लिए आपके मन में रुचि होनी चाहिए, तभी आप आत्मा की सच्ची अविनाशी खुशी की ओर कदम बढ़ा सकते हैं।

आध्यात्मिकता के प्रति रुचि इनसान के अन्दर तभी जागती है, जब वह अपने आन्तरिक गुणों या आत्मिक गुणों पर ध्यान देता है। सुख, शान्ति, आनन्द, प्रेम, पवित्रता ज्ञान और शक्ति— ये सात आत्मा के निजी गुण हैं। जब मनुष्य अपने इन मूल गुणों को महसूस करने लगता है, तो उसका स्वभाव अर्न्तमुखी हो जाता है, तथा उसकी रुचि आध्यात्मिक विषयों के प्रति और भी ज्यादा जाग उठती है। आत्मा के उपर्युक्त सात मौलिक गुणों के अलावा मनुष्य के जीवन से जुड़े हुए कुछ और महत्वपूर्ण गुण इस प्रकार हैं —

(1) सहनशीलता (11) नम्रता
(2) पवित्रता   (12) सरलता
(3) धैर्य   (13) हर्षितमुखता
(4) साहस   (14) परोपकार
(5) सन्तोष   (15) कर्त्तव्यनिष्ठा
(6) सदाचार   (16) उदारता

(7)	शालीनता	(17)	निर्माणता
(8)	दया	(18)	दानवीरता
(9)	क्षमा	(19)	सादगी तथा
(10)	विवेकशीलता	(20)	गम्भीरता आदि

उपर्युक्त सभी अच्छाइयाँ व्यक्ति की अन्तरात्मा के गुण या आन्तरिक गुण कहे जाते हैं। जब व्यक्ति इन गुणों को और भी अधिक गहराई से जानने–पहचानने तथा इन पर अमल करने का प्रयास करता है, तो उसके अन्दर स्वतः ही आध्यात्मिक मामलों के प्रति रुचि बढ़ने लगती है।

चिन्तन–मनन का गुण मनुष्य की आध्यात्मिक अभिरुचियों को अधिक से अधिक बढ़ाता है। जब एक बार व्यक्ति को एकान्त–चिन्तन करने की आदत पड़ जाती है, तो उसके जीवन की उन्नति अपने–आप ही होती रहती है। एकान्त माहौल में मनन–चिन्तन करने की आदत नदी की बहती हुई धारा या बहते हुए पानी की तरह है, जिसमें जीवन है, जीवन्तता है तथा जीवन का सादगीपूर्ण बहाव भी है।

जब कोई व्यक्ति एकान्त–पूर्ण वातावरण में चिन्तन–मनन करता है, तो उसके जीवन की सारी समस्याएँ एक–एक करके सुलझने लगती हैं। जिन्दगी की कई पहेलियाँ आसान होने लगती हैं।

मनन–चिन्तन से मनुष्य की अन्तरात्मा को अद्भुत शक्ति प्राप्त होती है। बुद्धिमान प्राणी होते हुए भी मानव को चिन्तन करने का सही तरीका न आये, तो उसके मन की सक्रियता, चेतना का बहाव एकदम थम–सा जाता है। इनसान बौद्धिक स्तर पर जड़–सा हो जाता है।

आध्यात्मिक जगत में कदम रखने वाले व्यक्ति के लिए पहली आवश्यकता चिन्तनशीलता की होती है। इस एक अच्छी आदत के कारण व्यक्ति में आध्यात्मिक अभिरुचि या पुरुषार्थ के और भी बहुत सारे गुण अपने–आप आ जाते हैं।

चिन्तन एक ऐसी आदत एवं प्रक्रिया है, जो शनैः–शनैः मानव की उन्नति के सारे द्वार स्वतः ही खोल देती है। यह मानव की आध्यात्मिक उन्नति का प्रवेश–द्वार है। इस एक द्वार के जरिये व्यक्ति धीरे से आध्यात्मिक जगत में प्रवेश करता है और कई प्रकार की आन्तरिक अनुभूतिक एवं उन्नति के दौर से गुजरता है। कोई

विचारक, कोई दार्शनिक, वैज्ञानिक, कवि, शोधार्थी आदि क्यों न हो, मनन—चिन्तन करने की एक आदत सब में पायी जाती है। इस आदत के बिना न तो कोई व्यक्ति बड़ा विश्लेषक, वैज्ञानिक, दार्शनिक बन सकता है और न ही लेखक आदि बन सकता है।

व्यक्ति जो धन—दौलत संसार में कमाता है, वह इसी भौतिक जगत में प्रयोग करने के लिए होती है। दिन—प्रतिदिन उसकी दौलत का क्षय होता रहता है। वह धन के जरिये जितनी भी वस्तुएँ, घर—मकान, जमीन, जायदाद एवं इलैक्ट्रॉनिक उपकरण या कार आदि वाहन खरीदता है— ये सभी उसकी भौतिक प्रगति को दर्शाते हैं। इनमें से एक भी चीज मनुष्य की आत्मा से जुड़ी हुई नहीं है। इनको 'अनात्म वस्तुएँ' कहा जाता है। आध्यात्मिक प्रगति में ये सभी चीजें व्यक्ति की कोई मदद नहीं करतीं।

हाँ, मनन—चिन्तन की तरह इनसान का एक गुण जरूर है, जो अध्यात्म के प्रति उसकी अभिरुचि को बढ़ाता है। वह गुण है— अनुभूतियाँ करने का गुण। अनुभूति एक ऐसी चीज है, जो आदमी की अपनी होती है। एक बार आपने किसी बात का अनुभव कर लिया, तो उसे काफी समय तक याद रखते हैं। अनुभूतियों को इतनी आसानी से नहीं भुलाया जा सकता ।

आध्यात्मिक अभिरुचि और प्रगति के लिए आप निरन्तर अपनी अनुभूतियों को बढ़ाते जाइये। केवल अनुभूतियाँ ही हैं, जो आपके जीवन का अनमोल खजाना हैं। एक बार आपने अपने जीवन की किसी समस्या से निपटने का अनुभव कर लिया, तो वह अनुभूति हर समय आपकी मदद करती रहेगी। अपनी आत्मा की सूक्ष्म अनुभूतियों को बढ़ाना ऐसा ही है, जैसे अपने भौतिक धन और वस्तुओं की सूची में वृद्धि करना।

भौतिक वस्तुएँ तथा धन—दौलत ऐसी चीजें है— जिनको चुराया जा सकता है। ये चीजें खो भी सकती हैं, लेकिन आन्तरिक अनुभूतियों को चुरा पाना या इनका खो पाना मुश्किल होता है। ये जब एक बार मानव के जीवन का विषय बन जाती हैं, तो बड़ी वफादारी के साथ उसका साथ निभाती हैं। मनुष्य की आध्यात्मिक साधना अनुभूतियों के सहारे ही आगे बढ़ती है। जो व्यक्ति अनुभूति करता है, वह आन्तरिक खुशी अथवा सुख पाता है। अनुभूति एक ऐसी चीज है, जो मनुष्य को कभी धोखा नहीं देती। वह इनसान के प्रति हमेशा ही वफादार रहती है।

इनसान और दुनिया से जुड़े हुए कुछ मौलिक प्रश्न हैं, जिनको हल करने के लिए आदमी हमेशा से ही प्रयास करता आया है। आध्यात्मिक मामलों मे ऐसी ही बातों पर गहराई से विचार किया जाता है। मनुष्य की आत्मा क्या है ? मनुष्य का अस्तित्व क्या है ? संसार का अस्तित्व कहाँ तक है– इस तरह के प्रश्न दार्शनिकों के मन में प्रारम्भ से ही उथल–पुथल मचाते आये हैं।

जो व्यक्ति इस संसार या जगत को तथा मनुष्य की आत्मा को करीब से जानने का प्रयास करता है, वही एकाग्र मन से आध्यात्मिक पहलुओं पर विचार कर पाता है।

जो इनसान हमको हाड़–माँस के शरीर वाला दिखायी देता है, मौलिक रूप में वह देह से भिन्न एक चैतन्य शक्ति अथवा आत्मा ही है। इनसान को आत्मारूप में जानने वाला व्यक्ति कभी निराश, हताश या दुःखी नहीं हो सकता। यह बात हम पूर्व में भी बता चुके हैं कि आत्मा के सुख, शान्ति, आनन्द, प्रेम, पवित्रता, शक्ति, ज्ञान आदि मौलिक गुणों की अनुभूति में एक निराला सुख निहित है। मानव के आत्म–अस्तित्व पर विचार करने वाला व्यक्ति कभी किसी बात को लेकर हैरान, परेशान या दुःखी नहीं रह सकता। उसे तो हर समय एक प्रकार की सच्ची आन्तरिक खुशी होती रहती है।

बुराइयाँ मनुष्य को दुःख या कष्ट देती हैं। यदि हम अपने मन के अन्दर किसी प्रकार की बुराई को पाल लेते हैं, तो इससे हम किसी और को परेशानी नहीं देते बल्कि खुद ही दुःख और परेशानी को पालते हैं। अपनी कमी–कमजोरियों और बुराइयों को मिटाना जरूरी है, क्योंकि इनसे हमको किसी प्रकार का फायदा अथवा लाभ नहीं पहुँच पाता है। मनुष्य की खुशी के रास्ते में इस तरह की बुराइयाँ रुकावटें ही पैदा करती हैं। अगर घृणा, ईर्ष्या, क्रोध या अहंकार जैसी कोई एक भी बुराई आपके अन्दर होगी, तो आप आत्मा की सच्ची खुशी का अनुभव नहीं कर सकेंगे।

मानसिक बुराइयाँ मनुष्य की आध्यात्मिक अभिरुचि पर रोक लगा देती हैं। बुराइयों के प्रभाव में आकर हम आध्यात्मिक प्राप्तियों को नगण्य समझने लगते हैं और भौतिक सुख–समृद्धि एवं धन की प्राप्ति को जीवन का सबसे बड़ा सुख मानने लगते हैं। बुराइयाँ अथवा अवगुण आध्यात्मिक प्रगति के मार्ग में रुकावट बनकर खड़ी हो जाती हैं।

अगर आपको अपनी अन्तरात्मा की भरपूर खुशी प्राप्त करनी है, तो इसके लिए आपको अपना अन्तर्मन निर्मल बनाना होगा। यह तभी हो पायेगा, जब आप सच्चे मन से भगवान से प्रार्थना करेंगे। कहते हैं कि जब इनसान सच्चे मन से ईश्वर को पुकारता है, तो उसकी पुकार कभी खाली नहीं जाती। समय पर भगवान आदमी की मदद अवश्य करता है तथा उसे शक्ति व सहारा देता है।

मूलतः ये ही विभिन्न उपाय हैं, जिनके जरिये आप अपने अन्दर आध्यात्मिकता के प्रति रुचि जगा सकते हैं और आध्यात्मिक रुचि को जगाकर अन्तरात्मा के सच्चे हर्ष अथवा आनन्द का या खुशी का अनुभव कर सकते हैं।

सच्चा आध्यात्मिक व्यक्ति कौन?

सच्चा आध्यात्मिक व्यक्ति वह नहीं है, जो हमेशा राम के नाम की माला फेरता रहता हो या अधिक पूजापाठ में अपना समय गँवाता हो। यदि उसके हृदय में दीन-दुःखियों के प्रति रहम की भावना, असहाय और अनाथों के प्रति दया की भावना नहीं है, तो वह सच्चा धार्मिक या आध्यात्मिक व्यक्ति नहीं हो सकता। जिस व्यक्ति का मन अन्दर से सच्चा है तथा गलत कार्यों से जिसे घृणा है, केवल वही आदमी सही मायनों में धार्मिक हो सकता है।

धार्मिकता और आध्यात्मिकता दो अलग-अलग चीजें हैं। यद्यपि इन दोनों की मूल आत्मा या मूल सिद्धान्त एक ही है लेकिन धार्मिकता प्रायः बाह्याचार से सम्बन्ध रखती है, जबकि आध्यात्मिकता मनुष्य की आन्तरिक अवस्था को प्रकट करती है। जिसके मन में दूसरों के प्रति दया है, प्रेम है, लोकमंगल की भावनाएँ हैं, वही सही रूप से धार्मिक या आध्यात्मिक हो सकता है।

आइये, हम अध्यात्म के विभिन्न पहलुओं को जरा गहराई से जानें, क्योंकि आध्यात्मिकता ही एक ऐसी चीज है, जो हमारे जीवन में खुशियों के आन्तरिक दरवाजों को खोलती है। आध्यात्मिक होने का मतलब इनसान का अपने मौलिक या असली रूप में आ जाना है। धन्य हैं वे लोग, जिन्हें अध्यात्म के विभिन्न पहलुओं की जानकारी है तथा वे अपनी जानकारी को बढ़ाने के लिए सत्संग आदि सात्विक कार्यों में रुचि लेते हैं।

भौतिक धन-सम्पत्ति भी आदमी को काफी हद तक खुश रखती है लेकिन आध्यात्मिक-जीवन की खुशी कई गुना अधिक हुआ करती है। कारण यह कि व्यक्ति ऐसे जीवन में मूलभूत प्रश्नों पर विचार करके अपने जीवन के समीकरणों

को हल करने का प्रयास करता है।

आज की भागदौड़ भरी जिन्दगी में सब तरफ केवल रुपया-पैसा कमाने की होड़ लगी हुई है। जिसे भी देखिए, उसकी निगाहें धन की तरफ हैं। आध्यात्मिक पहलुओं पर विचार करना आदमी ने छोड़ दिया है, लेकिन भारतीय-संस्कृति प्रारम्भ से ही अध्यात्म-प्रधान रही है। हमारे देश में आध्यात्मिक-सुख को मनुष्य के जीवन का सबसे बड़ा सुख माना जाता है। यह सुख संयम-मर्यादा एवं अनुशासन में रहकर जीवन जीने वाले व्यक्ति को प्राप्त होता है अथवा जो कोई भी व्यक्ति अध्यात्म की साधना करता है, उसको भी यह सुख मिलता है।

भौतिक और आध्यात्मिक जीवन के बीच सबसे बड़ा अन्तर यह है कि भौतिक जीवन की एवं भौतिक उन्नति की एक सीमा है, जबकि आध्यात्मिक जीवन एवं आध्यात्मिक उन्नति की कोई भी सीमा नहीं होती है। आध्यात्मिक सुख एवं आध्यात्मिक प्राप्तियाँ असीमित प्रकार की होती हैं। आध्यात्मिक जीवन से मनुष्य को जो अनमोल चीजें मिलती हैं, उन चीजों को न तो कोई चुरा सकता है और न ही उनके नष्ट होने या उनके घटने की सम्भावना रहती है। दूसरी तरफ धन-दौलत आदि भौतिक प्राप्तियाँ स्थूल प्रकार की होती हैं। उनको चुराया या लूटा जा सकता है तथा भौतिक चीजों की खरीददारी में उनको नष्ट किया जा सकता है। जिस तरह भौतिक सुख-समृद्धि मानव की खुशियों की पहचान है, उसी प्रकार से मनुष्य की आध्यात्मिक उन्नति भी उसकी खुशियों का द्वार है।

इस अध्याय में हमने खुशी के चौथे कदम "आध्यात्मिक कदम" की चर्चा की है। मनुष्य की भौतिक सफलताओं की तरह यह कदम भी मानव जीवन के लिए अत्यन्त महत्वपूर्ण एवं अनिवार्य प्रकार का है।

आध्यात्मिक उन्नति से मानव के मन को एक नवीन और स्वतन्त्र प्रकार का आयाम प्राप्त होता है। वह जीवन के विभिन्न उत्थानकारी पहलुओं के बारे में ठीक ढंग से सोच पाता है।

कुछ भौतिकवादी लोगों का मानना है कि आत्मा और परमात्मा जैसी कोई वस्तु नहीं होती तथा अध्यात्म से इनसान को किसी भी प्रकार का लाभ मिलने वाला नहीं है। यह मानव की गलत धारणा है। मनुष्य का यदि पृथ्वी पर अस्तित्व है, तो वह केवल आत्मशक्ति के कारण ही होता है। अध्यात्म बताता है कि आत्मशक्ति मानव के शरीर का संचालन करती है तथा दुःख-मुसीबत के समय आत्मा के कर्ता या

रचयिता, परमपिता परमेश्वर की ही याद आती है।

आध्यात्मिकता की रुचि मनुष्य की अन्तरात्मा को शुद्धता तथा शक्ति प्रदान करती है। इस सबके फलस्वरूप इनसान को जिन्दगी की वास्तविक खुशी का अनुभव होता रहता है। आज यद्यपि इनसान ने आध्यात्मिकता को भुला दिया है, लेकिन इतना होने पर भी आध्यात्मिकता का महत्व किसी भी कीमत पर कम नहीं हो जाता।

आध्यात्मिकता को भारतीय धर्म-संस्कृति का शाश्वत सिद्धान्त माना जाता है। आइए! हम पूरे तन-मन से आध्यात्मिक हों तथा जीवन की वास्तविक खुशी या आनन्द का अनुभव प्राप्त करें।

अध्यात्म मानव के मन को खुशी, शान्ति और शक्ति तो देता ही है, लेकिन साथ ही साथ वह दुनिया के लोगों को एकता के सूत्र में बाँधे भी रखता है। अध्यात्म ही हमें बताता है कि आन्तरिक रूप से संसार के सभी मानव एक जैसे हैं। अन्तर केवल उनके बाह्य शरीरों का है। आध्यात्मिकता एक ऐसा महान विचार है, जिसके जरिये दुनिया के सारे भेदभाव और कलह-क्लेश मिटाकर एक नये स्वर्णिम जगत की स्थापना की जा सकती है।

✺✺✺

पाँचवा कदम

स्वाध्याय में रुचि

'स्वाध्याय' का सीधा-सादा अर्थ (स्व+अध्याय) अपनी रुचि के अध्याय को पढ़ना अथवा निज का अध्ययन करना है। अधिकांश रूप से अच्छे ग्रन्थों के अध्ययन से ही स्वाध्याय का अर्थ लगाया जाता है।

वैसे तो विद्यार्थियों को स्कूल और कॉलेजों के पाठ्यक्रमों के अन्तर्गत अलग-अलग विषयों का पाठ पढ़ाया जाता है लेकिन वह शिक्षा अपने विषय तक ही सीमित प्रकार की होती है। नैतिक मूल्य, स्वास्थ्य, धर्म, अध्यात्म, साहित्य आदि विभिन्न विषयों का ज्ञान पाने के लिए अलग-अलग विषयों की पुस्तकें होती हैं, जिनके बारे में स्कूल-कालेजों में नहीं बताया जाता। इस तरह के विषयों के ग्रन्थ अथवा पुस्तकें बाजार में उपलब्ध होती हैं। ये पुस्तकें मानव के मन को काफी हद तक सन्तुष्टि तथा खुशी दिलाती हैं।

स्वाध्याय व्यक्ति के जीवन की निजी सम्पत्ति है तथा मानसिक खुशी प्राप्त करने का एक महत्वपूर्ण उपाय है। जब कभी हम उदास, दुःखी या निराश बैठे हों, हमारा मन न लग पा रहा हो, तब हम अपनी रुचि या पसन्द की कोई पुस्तक उठा लें तथा मनोयोग से उसे पढ़ना शुरू करें। इससे पुस्तक पढ़ने में हमको अद्भुत आनन्द तथा खुशी प्राप्त होगी।

श्रेष्ठ कोटि की पुस्तकें पढ़ने से व्यक्ति को मानसिक आनन्द मिलता है। जिन्दगी के जो उलझे हुए प्रश्न हैं, साधारण सोच-विचार या बातचीत के जरिये हल नहीं हो पा रहे हों, उनका समाधान सद्ग्रन्थों के अध्ययन से मिल सकता है। बशर्ते कि स्वाध्याय की जाने वाली पुस्तकें आपकी रुचि की हों।

पुस्तकें हमारी सच्ची दोस्त

पुस्तकों को हमें अपना सच्चा मित्र ही मानना चाहिए। जिस प्रकार से एक मित्र विपत्ति के समय अपने दोस्त के काम आता है, मुसीबत आने पर उसको नेक सलाह देता है, उसी प्रकार से पुस्तकें भी सही समय पर हमको उचित सलाह–मशविरा या परामर्श दिया करती हैं। ये चिन्तन–मनन के माध्यम से हमारे जीवन की समस्याओं को आसानी से निबटा देती हैं।

जिन्दगी में दोस्ती करना एक अच्छी आदत है। दोस्ती के कारण इनसान को सच्चा सुख प्राप्त होता है। पुस्तकें भी मित्र बनकर हमारे जीवन में खुशियाँ लाती हैं। वे एक सच्चे सेवक की भाँति सदैव हमारी सेवा करने के लिए तैयार रहती हैं। किसी कवि ने कहा है –

"पुस्तकें मूक मित्र हैं.......
उनके शब्दों में ध्वनि नहीं, भाव हैं
जो छू लेते हैं, मानव की अन्तरात्मा को
जो छू लेते मानव के हर कोने–कोने को।
वे सच्ची मार्गदर्शक.....................
सच्ची जीवन साथी, बलप्रदायक, शान्तिदायक, अमृतधाराएँ
जो बढ़ाती हैं इनसान को अमरता के पथ पर
जीवन की उन्नति के रास्ते पर धीरे–धीरे.....''

एक बार जिस व्यक्ति की अध्ययन–कार्य में आदत पड़ जाती है, तो उसे अन्य कुछ भी अच्छा नहीं लगता। वह जल्दी से जल्दी पुस्तक में लिखी बातों के मर्म को समझ लेना चाहता है तथा अपने स्वाध्याय से अपने जीवन को बेहतर बनाने का प्रयास करता है।

एक वफादार मित्र मुसीबत के समय अपने दोस्त की सहायता करने से अपने पैर तनिक भी पीछे नहीं हटाता। पुस्तकों का स्वभाव भी ऐसा होता है। जो व्यक्ति पुस्तकों से प्यार करता है, पुस्तकें मुश्किल के समय हर प्रकार से उसकी मदद करती हैं। वह इनसान के सामने उसके जीवन की समस्याओं के कई सुझाव प्रस्तुत करती हैं। यह फिर व्यक्ति के ऊपर निर्भर करता है कि वह किस सुझाव को अमल में लाता है।

धर्म-अध्यात्म की पुस्तकें पढ़ने से व्यक्ति को आन्तरिक खुशी मिलती है। विज्ञान की पुस्तकों के जरिये इनसान कई प्रकार की वैज्ञानिक प्रक्रियाओं के रहस्य के बारे में जान पाता है। इसी प्रकार से दर्शनशास्त्र की पुस्तकें दर्शन के मर्म को समझाती हैं, कहानी-कविता और चुटकुलों की पुस्तकें मन में हर्ष तथा खुशी की गुदगुदी पैदा करती हैं।

पुस्तकें : एक मार्ग-प्रदर्शक या गुरु

कहा जाता है कि गुरु बिना ज्ञान या जीवन की सही दिशा नही मिलती। ज्ञानवर्द्धक पुस्तकों को हम अपना गुरु या मार्गदर्शक मान सकते हैं, जो चुपचाप हमें जिन्दगी की सही राह दिखाती रहती हैं तथा हमारा मार्गदर्शन करती रहती हैं।

जब तक इनसान अज्ञान के अन्धेरे में होता है, तब तक उसको परेशानी उठानी पड़ती है, क्योंकि अन्धेरे में कई बार वह ठोकरें खाकर गिर जाता है। जीवन की कोई निश्चित मंजिल या दिशा भी उसको नजर नहीं आती।

पुस्तकें दीपक या उजाले का काम करती हैं। ये मनुष्य के मन में छाये हुए अज्ञानता के अन्धकार को समाप्त करती हैं तथा मानव को ज्ञान की उज्ज्वल रोशनी देती हैं।

गुरु का काम होता है– अपने शिष्य या अनुयायी के भ्रम अथवा संशय को मिटाना। पुस्तकें भी विषय के बारे में विस्तारपूर्वक बताकर हमारे मन के भ्रम और संशयों को दूर करती हैं। भारतीय-संस्कृति में एक वैदिक प्रार्थना है–

''असतो मा सद्गमय......

तमसो मा ज्योतिर्गमय.....

मृत्योर्मा अमृतगमय......''

अर्थात 'हे प्रभू! हमको असत्य से सत्य की ओर ले चलो, मृत्यु से अमृत की ओर ले चलो तथा तम या अज्ञान से प्रकाश की ओर ले चलो'।

पुस्तकें भी लगभग ऐसा ही दायित्व निभाती हैं। वे मनुष्य को असत्य से सत्य की ओर, मृत्यु से अमरत्व की ओर तथा तम-अज्ञानता से ज्ञान के प्रकाश की ओर ले चलती हैं। परन्तु हर प्रकार की पुस्तक इस प्रकार का महान दायित्व नहीं निभा पाती है। जासूसी और फिल्मी तरह के उपन्यास और पत्र-पत्रिकाएँ तो मानव के चरित्र में और गिरावट ही ले आती हैं। अच्छे विषयों की, ज्ञान, सत्संग आदि की

पुस्तकों से मनुष्य में अच्छे विचार आते हैं, उसकी भावनाएँ निर्मल एवं सात्विक बनती हैं।

स्वाध्याय के साथ-साथ चिन्तन करना भी जरूरी

केवल किसी पुस्तक को पढ़ लेना भर ही काफी नहीं होता है। पढ़ने के साथ-साथ पुस्तक के विषय पर गहराई से मनन-चिन्तन भी किया जाना चाहिए, तभी किसी पुस्तक के विषय का ठीक लाभ व्यक्ति को अथवा पाठक को प्राप्त हो पाता है।

किसी अच्छे विषय वाली पुस्तक को केवल पढ़ लेने भर से पूरी खुशी नहीं मिलती। पुस्तक का पूरा आनन्द तभी मिलता है, जब पुस्तक पढ़ने के बाद पुस्तक के साररूपी बिन्दुओं पर विचार किया जाये।

पुस्तकें केवल मनोरंजन का ही विषय नहीं होतीं। वे मानव को बेहतर जिन्दगी जीने की शिक्षा देती हैं तथा उसे सत्कर्मों के रास्ते पर आगे बढ़ाती हैं। आदमी को जब तक जीवन की सही दिशा नहीं मिलती, तभी तक वह अनर्थ या भ्रष्ट कर्म करता है, लेकिन जब एक बार उसे जीवन की सही दिशा प्राप्त हो जाती है, तो वह अच्छे कर्म के रास्ते पर लगातार कदम बढ़ाता रहता है। पुस्तकों का अध्ययन करने के साथ-साथ पुस्तक में लिखी गयी बातों का चिन्तन करने से ही सारी समस्याओं का समाधान प्राप्त होता है।

चिन्तन एक क्रमिक मानसिक प्रक्रिया है, जो हमारे मन के भ्रम एवं संशयों के सारे दरवाजों को एक-एक करके खोलती है। जो व्यक्ति पुस्तक को केवल रोचकता या मनोरंजन के तौर पर ही पढ़ता है लेकिन पुस्तक में लिखी गयी बातों का चिन्तन करके उन बातों को अमल में नहीं ला पाता, वह पुस्तकीय ज्ञान का पूरा-पूरा लाभ नहीं ले पाता है अर्थात् पुस्तक के आधार से अपने जीवन में किसी भी प्रकार का परिवर्तन नहीं ला पाता है।

मैं तो उत्तम विचारों वाली पुस्तकों को ईश्वर के तुल्य मानता हूँ। जैसे ईश्वरपिता दया करके अपने आस्तिक या श्रद्धालु जनों को मुँहमाँगा वरदान देते हैं, उसी प्रकार पुस्तकें भी ईश्वर या इष्टदेव की भाँति पाठक की लगन से प्रभावित होकर उसको मुँहमाँगा वरदान अवश्य देती हैं। जिस प्रकार की इच्छा हमारे मन में होती है, हम उसी प्रकार की (विषय वाली) पुस्तक अपनी जिन्दगी में पढ़ना पसन्द करते हैं। उस पुस्तक के अन्दर हमारे जीवन की कई समस्याओं का हल

छिपा हुआ होता है।

पुस्तक से लाभ कैसे लें ?

अच्छे विषय वाली पुस्तक को केवल पढ़ते जाने से हमको पूरा–पूरा लाभ प्राप्त नही हो सकेगा। इसके लिए तो जरूरी है कि हम जितनी पुस्तक पढ़ें, उस पढ़े गये विषय के सार रूपी बिन्दुओं को अपनी डायरी में या कागज पर नोट करते जायें। पुस्तक के महत्वपूर्ण बिन्दुओं को केवल नोट ही न करें, बल्कि दिन के समय, जब फुर्सत मिले, तो उन–उन बिन्दुओं को पुनः दुहरा लें या एक दो महत्वूपर्ण बिन्दुओं पर विचार–विमर्श या आपस में चर्चा जरूर करें। इससे वे महत्वपूर्ण बिन्दु आपके दिमाग में स्पष्ट होते जायेंगे तथा आपके जीवन में उन महत्वपूर्ण बिन्दुओं के आधार पर वांछित परिवर्तन आता जायेगा।

मान लीजिए हम ईमानदारी या सत्यता के मूल्य से सम्बन्धित कोई पुस्तक पढ़ते हैं। सारी पुस्तक तो वैसे भी हमारे दिमाग में नहीं रह सकती, हमें चाहिए कि हम पुस्तक के विभिन्न अध्यायों में लिखी गयी बातों में से मुख्य–मुख्य बात को अपनी डायरी में या कागज पर नोट करते जायें तथा दोपहर के समय या रात्रिकाल सोने से पहले जितना भी समय मिले, एक बार उन बातों को अपने मन में अवश्य दोहरा लें। ऐसा करने से हमें उन चीजों की धारणा का अच्छा लाभ प्राप्त हो सकेगा। कभी–कभी पुस्तक में कुछ ऐसी बातें लिखी होती हैं, जो पाठक के जीवन का आमूलचूल परिवर्तन कर देती हैं। ऐसी महत्वपूर्ण तथा स्वर्णिम बातों को हमें एक कागज पर लिखकर अपने अध्ययन–कक्ष के कमरे की दीवार पर टाँग देना चाहिए, ताकि हम उन बातों को पढ़कर कभी भी अमल मे ला सकें।

खुशी प्रदान करने वाली पुस्तकें पढ़िए

आज का आदमी इस प्रकार की पुस्तक पढ़ना पसन्द करता है, जो उसे थोड़ी–सी देर की खुशी दे सके। क्योंकि मनुष्य का जीवन कई प्रकार की चिन्ताओं, तनाव तथा समस्याओं से घिरा हुआ रहता है। गम्भीर विषयों वाली पुस्तकें पढ़ने और समझने का समय उसके पास नहीं रहता। वह थोड़ी ही देर में हल्की–फुल्की पुस्तकें पढ़कर अपने मन को प्रसन्न कर लेना चाहता है। उसकी पहली जरूरत पुस्तक से गम्भीर ज्ञान लेने की नहीं, बल्कि अपने मन के तनाव को दूर करने की होती है।

लेकिन अगर पुस्तक मन को आनन्द और खुशी प्रदान करने के साथ–साथ जीवन की शिक्षा देने वाली हो, तो और भी ज्यादा बेहतर होता है। ऐसी पुस्तकें पढ़ने से इनसान को न केवल मन की खुशी मिलती है, बल्कि उसका जीवन और भी ज्यादा बेहतर होकर बदलता चला जाता है।

पुस्तक–बाजार में आजकल किस्से–कहानियों और मनोरंजन–चुटकुलों की पुस्तकें ज्यादा बिक रही हैं। हर कोई व्यक्ति दुनिया में परेशान, दुःखी तथा तनावग्रस्त–सा लगता है तथा मन की खुशी को पाना चाहता है। वह किताबों की दुकान पर कोई ऐसी रुचिकर पुस्तक तलाश करता है, जो उसको जिन्दगी की दिशा का बोध तो करा ही सके, किन्तु उसे मन की खुशी भी दिला सके।

यों तो इतिहास, भूगोल, विज्ञान, स्वास्थ्य, दर्शन, गणित, अँग्रेजी, व्याकरण, हिन्दी, सामाजिक ज्ञान, इतिहास, कृषि, गृहविज्ञान, अर्थशास्त्र, विधि या कानून, समाजशास्त्र आदि कई प्रकार के विषयों वाली पुस्तकें बाजार में बिकती हैं, लेकिन सभी विषयों वाली पुस्तकों के प्रति रुचि आदमी की नहीं होती। मनुष्य तो केवल उसी विषय की पुस्तक में रुचि रखता है, जो उसके कर्म से कहीं न कहीं सम्बन्ध रखती है। लेकिन कुछ पुस्तकें ऐसी होती हैं, जिनको हर कोई पढ़ना चाहता है। महापुरुषों के वचनों से जुड़ी हुई पुस्तकें, शिक्षाप्रद कहानियों की पुस्तकें, रोचक दृष्टान्तों की पुस्तकें इसी प्रकार की होती हैं। ऐसी पुस्तकों से मनुष्य को आत्मिक लाभ की प्राप्ति होती है। साथ ही साथ उसके मन में प्रसन्नता भी आती है। कभी–कभी अकबर–बीरबल के किस्से, हितोपदेश तथा बीरबल की कहानियाँ जैसी रोचक एवं ज्ञानवर्द्धक पुस्तकें भी आदमी के मन को खुशियों से भर देती हैं।

पुस्तकालय से जुड़िए

आजकल कागज और छपाई का दाम महँगा होने के कारण पुस्तकें भी काफी महँगी हो गयी हैं। हर किसी के वश की बात नहीं कि वह अपनी सीमित आमदनी में अपनी रुचि की पुस्तकें खरीद सके। इसलिए हमें अपने शहर के सरकारी पुस्तकालय या सार्वजनिक पुस्तकालय से जरूर जुड़ना चाहिए। सार्वजनिक पुस्तकालय में एक बार साधारण–सा सदस्यता शुल्क जमा कर साल भर तक के लिए पुस्तकालय का सदस्य बना जा सकता है। यह शुल्क ज्यादा नहीं लिया जाता। 15 वर्ष से कम आयु तक के बच्चों से तो बहुत ही कम शुल्क लिया जाता है।

यह सदस्यता–शुल्क किसी एक अच्छी पुस्तक की चौथाई कीमत भी नहीं है।

एक बार पुस्तकालय की सदस्यता ग्रहण कर हम साल के 365 दिनों तक अपनी रुचि की विभिन्न पुस्तकों का लाभ पुस्तकालय से प्राप्त कर सकते हैं।

मनुष्य के मन की रुचि के विषय अनेक हो सकते हैं तथा आपकी रुचि की हजारों पुस्तकें बाजार में मिल जायेंगी। अगर आपकी रुचि पुस्तकें पढ़ने में है, तो अपनी रुचि की पुस्तकें पाने के लिए आपको परेशान होने की आवश्यकता नहीं है। आप तो केवल इतना कीजिए कि आप पुस्तकालय का सदस्य बन जाइये। इसके बाद आप साल भर तक पुस्तकालय से अपनी रुचि की पुस्तकों का लाभ लेते रहिए। एक साल बाद आप पुनः अपनी सदस्यता का नवीनीकरण करा लें। पुस्तकालय की सदस्यता प्राप्त करने के लिए एक साधारण–सा फार्म भरा जाता है। उस फार्म पर किसी सरकारी कर्मचारी की प्रतिभूति (गवाही या साक्षी) दी जाती है। फार्म पर सरकारी कर्मचारी के तथा उसके विभागाध्यक्ष के हस्ताक्षर कराये जाते हैं तथा वार्षिक शुल्क के साथ फार्म जमा करा दिया जाता है। फार्म के साथ अपने पहचान–पत्र, राशनकार्ड या ड्राइविंग लाइसेंस आदि की फोटो कापी लगायी जाती है, साथ ही दो फोटो भी लगाये जाते हैं।

इस प्रकार की सभी औपचारिकताएँ पूरी करके पुस्तकालयाध्यक्ष के पास फार्म को जमा करा दिया जाता है। उसी दिन या अगले दिन हमको सार्वजनिक पुस्तकालय की सदस्यता प्राप्त हो जाती है।

पुस्तकालय जीते-जागते मन्दिर

दुनिया के दुःख–दर्दों और मुसीबतों से परेशान हुआ आदमी कुछ देर के लिए मन्दिर–देवालय में जाता है, ताकि उसके मन को शान्ति प्राप्त हो सके। मन्दिर में आरती–वन्दना करने के बाद उसे ऐसा लगता भी है, मानों उसके मन में सन्तोष और शान्ति आने लगी है तथा उसके बेचैन मन को कुछ धीरज मिल रहा है।

मन्दिर के सात्विक विचारों का ऐसा ही प्रभाव होता है। पुस्तकें भी इसी तरह की प्रक्रिया के फलस्वरूप मनुष्य को मानसिक तथा आध्यात्मिक लाभ प्रदान करती हैं। पुस्तकों का निष्ठापूर्वक अध्ययन करना, उनकी पूजापाठ, वन्दना करना ही है। इस प्रकार के श्रम से पुस्तक–रूपी मन्दिर के अक्षर–देवता प्रसन्न होते हैं तथा अपने पाठक या भक्त को मुँहमाँगा वरदान प्रदान करते हैं।

स्वाध्याय में आलस्य न करें

महापुरुषों का कहना है कि स्वाध्याय में व्यक्ति को कभी आलस्य नहीं करना चाहिए, वर्ना उसकी रुचि का अध्ययन–कार्य कभी पूरा नहीं हो पाता है। एक बार यदि आपको अध्ययनकार्य में आलस्य आने लगा, तो नाना प्रकार की रोचक ज्ञानवर्द्धक पुस्तकें आपके पास भले ही पड़ी हों लेकिन आप उन पुस्तकों का लगनपूर्वक अध्ययन करके उनकी विषय–सामग्री का पूरा लाभ कभी नहीं ले पायेंगे।

शास्त्रों में कहा गया है–

"अलसस्य कुतो विद्या? अविद्यस्य कुतो धनम्?
अधनस्य कुतो मित्रं? अमित्रं कितं सुखम्?"

अर्थात् 'आलस करने से विद्या की प्राप्ति नहीं हो पाती। बिना विद्या के धन नहीं मिल पाता। बिना धन के कोई मित्र नहीं बन पाता और मित्र के बिना मनुष्य को संसार में सुख भी नहीं मिल पाता है।'

तात्पर्य यह कि आलस्य ही मनुष्य के दुःख और गरीबी का कारण है। यदि हम जिन्दगी में मन की सच्ची खुशी प्राप्त करना चाहते हैं, तो हमको इस आलस्य का परित्याग करना होगा। हमारे स्वाध्याय की लगन भी पूरी तभी हो सकती है, जब हम अपने आलस्य को भूलकर स्वाध्याय करना प्रारम्भ करें।

स्वाध्याय से जीवन की उन्नति

अच्छी किताबों को पढ़कर मन की सच्ची खुशी तो मिलती ही है, लेकिन साथ ही आदमी का जीवन भी बदलता है। सुविचारों की पुस्तकें मनुष्य के हृदय का परिवर्तन करके उसे अच्छी आदतें सिखा देती हैं। अच्छी पुस्तकों के ज्ञान से आदमी गलत लोगों से मित्रता करना छोड़ देता है, बुरे व्यसनों का उपयोग करना छोड़ देता है।

मनुष्य को चाहिए कि वह हमेशा महान विचारों वाली पुस्तकों का ही अध्ययन किया करे। जिन लेखकों ने अपने जीवन को नैतिक मूल्यों और सिद्धान्तों के साथ जिया है, उनकी पुस्तकों का सीधा प्रभाव व्यक्ति के मन–मस्तिष्क और हृदय पर पड़ता है। अच्छे विषयों वाली पुस्तकें मानव के जीवन को उन्नतिशील बनाती हैं। ऐसी पुस्तकें मनुष्य को सद्कर्म करना सिखाती हैं। कई प्रकार की बुरी आदतों, बुरे व्यसनों और बुरे व्यक्तियों के प्रभाव से इनसान को बचाती रहती हैं।

यदि हमें अपने जीवन में उन्नति प्राप्त करनी है, तो सर्वप्रथम हमें एक श्रेष्ठ लक्ष्य का निर्धारण कर लेना चाहिए। हमें किस प्रकार का सुखमय जीवन व्यतीत करना है, यह बात हमें पहले से ही पता होनी चाहिए तथा अपनी दिनचर्या को भी उसी के अनुरूप ढाल लेना चाहिए। समझदार और महान लोग दूसरों के जीवन को उन्नत बनाने के लिए उन्हें अपनी नेक सलाह और परामर्श दिया करते हैं, लेकिन अगर किसी आदमी के पास इस तरह का परामर्शदाता नहीं है, तो उसे अच्छी पुस्तकों के अध्ययन से ही जीवन की सही दिशा प्राप्त करनी चाहिए।

यह बात तो पाठकों को पूर्व में ही बतायी जा चुकी है कि पुस्तकें मनुष्य की सच्ची मार्गदर्शक और हितैषी हैं। अगर आप पुस्तकों को सम्मान देंगे, तो पुस्तकें आपको भी सम्मान देंगी। अगर आप उनको अपना गुरु या मार्गदर्शक मानकर निष्ठापूर्वक उनका अध्ययन–चिन्तन करते रहेंगे, तो वे आपकी जीवन–नैया को अवश्य पार लगा देंगी अर्थात आपको सद्गति के उज्ज्वल रास्ते पर पहुँचा देंगी।

कवि, लेखकों, विद्वानों तथा विचारकों के जीवन का मूल आधार पुस्तकें ही हुआ करती हैं। अपनी रुचि एवं विषयों की पुस्तकें पढ़कर ही वे विषय का ज्ञान, उत्साह तथा शक्ति प्राप्त करते हैं। एक वकील को, एक डॉक्टर को, एक शिक्षक को और एक प्रशासक को अपने–अपने कार्यों में दक्ष होने के लिए पुस्तकीय ज्ञान की आवश्यकता पड़ती है। पुस्तकों का अध्ययन किये बिना अथवा शिक्षा पाये बिना कोई भी व्यक्ति डॉक्टर, शिक्षक, वकील और प्रशासक नहीं बन सकता। आजकल तो छोटी–छोटी सरकारी नौकरियाँ पाने के लिए भी प्रतियोगिता परीक्षा की गाइड या पुस्तक को पढ़ने की जरूरत होती है।

पुस्तक से चरित्र का निर्माण

शिक्षाप्रद या उपदेशात्मक पुस्तकें मनुष्य को जीवन का महत्वपूर्ण ज्ञान तो देती ही हैं, लेकिन इनसान के बेहतर चरित्र का निर्माण भी करती हैं। हमारे देश में ऐसी हजारों पुस्तकें प्रतिवर्ष छपती हैं, जो इनसान के चरित्र को उज्ज्वल या बेहतर बनाने में काफी मदद करती हैं। यदि विद्यार्थीगण तथा देश के आम नागरिक इन पुस्तकों का लाभ लें, तो वे अपने जीवन–स्तर में सुधार करके महानता की ओर कदम बढ़ा सकते हैं।

मानव–जीवन के लिए चरित्र को सबसे बड़ा धन माना जाता है। एक बार इनसान यदि आर्थिक रूप से कंगाल हो गया हो, तो वह फिर से मेहनत करके

अपने लिए धन कमा सकता है। अगर व्यक्ति शारीरिक रूप से कजोर हो गया हो, तो पौष्टिक भोजन ग्रहण करके तथा व्यायाम आदि के जरिये अपने-आपको फिर से स्वस्थ और निरोगी बना सकता है, लेकिन अगर वह एक बार चारित्रिक रूप से पतित या भ्रष्ट हो जाता है, तो वह हमेशा के लिए समाज के लोगों की नजरों से गिर जाता है। ऐसे व्यक्ति का दुबारा उठ पाना बड़ा मुश्किल है। दुबारा उठने के लिए उसे अपनी पूरी ताकत लगानी पड़ती है।

इनसान जब पैदा होता है, तो अपने साथ अच्छा या बुरा चरित्र भी लाता है। चरित्र का निर्माण व्यक्ति के विचारों से, आचरण से, संस्कारों से तथा व्यवहार से होता है। यदि किसी व्यक्ति का चरित्र अच्छा है, तो इसका मतलब यह है कि उसके मन के विचार महान हैं। उसके संस्कार श्रेष्ठ हैं तथा वह सबके साथ अच्छा ही व्यवहार करता है।

पुस्तकें मानव के चरित्र का निर्माण इस प्रकार करती हैं कि वे अपने पाठकों को अपने अक्षरों एवं शब्दों की शक्ति के माध्यम से उनके विचारों का परिवर्तन करती हैं। न केवल अपने पाठकों के विचार बेहतर बनाती हैं, बल्कि पुस्तकें उनका आचरण और व्यवहार भी सुधारती हैं। अच्छी पुस्तकों को पढ़कर मानव के अन्दर अच्छे संस्कारों का निर्माण होता है।

आज सबसे बड़ी जरूरत एक अच्छी पुस्तक का चुनाव करने की है। यदि आपने श्रेष्ठ विषय वाली पुस्तक का चयन कर लिया, तो पुस्तक स्वतः ही अपना काम करने लगेगी। वह एक समाज-सुधारक की भाँति आपको आपकी गलतियाँ बताती जायेगी तथा उन गलतियों के सुधार के लिए आपको विभिन्न प्रकार की युक्तियाँ भी बताती जायेगी।

एक बार यदि व्यक्ति का चरित्र श्रेष्ठ बन जाये, तो उसकी जिन्दगी अपने-आप खुशगवार बन जाती है।

स्वाध्याय में मगन रहिए

यदि आपको जिन्दगी की वास्तविक खुशी और आनन्द पाना है, तो आप अच्छी पुस्तकें पढ़िए और पुस्तकों में लिखी शिक्षाप्रद बातों के सोच-विचार या चिन्तन-मनन में मगन रहिए। इससे आप पायेंगे कि जिन्दगी की कोई भी परेशानी आपको हैरान, परेशान या दुःखी नहीं कर पायेगी। कोई समस्या आपको यदि परेशान करने का प्रयत्न करेगी, तो आप पुस्तक के अन्दर उस समस्या का समाधान या हल अवश्य

ढूँढ़ लेंगे।

स्वाध्याय में मगन होना ऐसा ही है, जैसे कि कोई शराबी शराब के नशे में चूर या मगन रहता है। स्वाध्याय या अच्छी पुस्तकों को पढ़ने का भी एक नशा होता है। कुछ लोग इस तरह के व्यसनों को 'आदत' भी कहते हैं। जिस व्यक्ति को एक बार अच्छी–अच्छी पुस्तकें पढ़ने की आदत पड़ जाती है, वह हमेशा पुस्तकों के माध्यम से जीवन के गहरे तथा गोपनीय रहस्य जानने का प्रयास करता रहता है।

पुस्तक के महत्व को दर्शाते हुए एक कवि ने कहा है–

"पुस्तक क्या है ?

– शब्दों, अक्षरों की एक शृंखला है

शब्दों की मालाओं से बने हुए अनेक हार कीमती

जो बदल देते मनुष्य का जीवन, उसका व्यक्तित्व......

पुस्तक के शब्द कर देते हैं जादू-सा कार्य

बदलते जीवन की दिशा को।

पुस्तक में सामर्थ्य इतनी

वह बना सकती शैतान को देवता भी

बशर्ते शैतान बना मानव

गहराई से अध्ययन-मनन करे उसका......"

पुस्तकीय ज्ञान और व्यवहार

पुस्तकीय ज्ञान को आचरण और व्यवहार में उतारना जरूरी होता है, वर्ना उस ज्ञान की कोई कीमत नहीं रहती। जैसा कि पूर्व में भी कहा जा चुका है, इनसान के जीवन में खुशी तभी आती है, जब वह पुस्तकीय–ज्ञान को व्यवहार में लाता है। पुस्तकें आपके मानसिक–ज्ञान में वृद्धि कर सकती हैं, लेकिन जब तक पुस्तकीय–ज्ञान का प्रयोग व्यवहार में नहीं किया जाता, तब तक वह ज्ञान अधूरा ही माना जाता है। इस प्रकार के अधूरे ज्ञान से इनसान को जिन्दगी में कभी भी सफलता प्राप्त नहीं हो सकती।

एक बार चार दोस्त शहर में आजीविका हेतु गये। उनके पास पुस्तकीय ज्ञान तो ढेर सारा था लेकिन व्यावहारिक ज्ञान उन्हें कुछ भी नहीं था। इस कारण बेचारे

ये लोग शहर के दुकानदारों से पुस्तकीय ज्ञान के आधार पर ही बातें करते रहे और व्यावहारिक ज्ञान न होने के कारण ये अपने व्यापार में धोखा खा गये। जो थोड़ी-सी जमा-पूँजी अपने-अपने घर से ले गये थे, उसको भी बर्बाद करके घर लौटे। जब आदमी केवल पुस्तकीय या सैद्धान्तिक ज्ञान के आधार पर ही चलता है और व्यावहारिक ज्ञान का अर्जन-प्रयोग नहीं करता, उसे जिन्दगी में पग-पग पर धोखा ही प्राप्त होता रहता है।

आइये, हम पुस्तकीय ज्ञान को अपने आचरण और व्यवहार में उतारने का प्रयत्न करें, तभी हमें अपनी जिन्दगी की खुशियाँ हासिल हो सकेंगी और तभी हम अपने जीवन के हर मकसद में कामयाब हो सकेंगे।

स्वाध्याय का आध्यात्मिक सन्दर्भ

आध्यात्मिक रूप से ''स्वाध्याय'' का मतलब (स्व+अध्याय) अपनी (स्वयं की) अन्तरात्मा का अध्ययन करना अर्थात अपनी आत्मा-शक्ति को जानना-पहचानना है। चूँकि अध्यात्म में आत्मा और परमात्मा अर्थात् ईश्वर के विषय को भी शामिल किया जाता है, इसलिए स्वाध्याय के अर्थ में मनुष्य की आत्मा के अध्ययन के साथ-साथ परमात्मा या परमेश्वर के विषय के अध्ययन की बात को भी शामिल किया जाता है।

आत्मा और परमात्मा का विषय इनसान के मूल अस्तित्व से जुड़ा हुआ विषय है। इस विषय के बारे में हम पिछले अध्याय में काफी कुछ चर्चा की चुके हैं, अतः हमको यहाँ उन सब बातों को दोहराने की जरूरत नहीं है।

जीवन की खुशियाँ पाने का कोई एक ही रास्ता नहीं है। खुशी हासिल करने के अनेक रास्ते संसार में मौजूद हैं। ऐसे पाँच रास्तों या पाँच कदमों की चर्चा हम अब तक पाँच अध्यायों में कर चुके हैं। अगले दो अध्यायों के अन्दर खुशी पाने के दो और महत्वपूर्ण उपायों पर चर्चा की जायेगी।

✻✻✻

छठा कदम

मन का सामंजस्य

खुशी क्या है? – यह मन की एक अनुभूति का नाम है। यह अनुभूति सुखद प्रकार की होती है। सुख और दुःख मन की स्थिति के ऊपर निर्भर करते हैं। जब मन की स्थिति अनुकूल होती है, तो आदमी को अपने जीवन में सब कुछ अच्छा लगने लगता है। जब मन अनुकूल होता है, तो इनसान को जिन्दगी की सारी परिस्थितियाँ भी सरल लगने लगती हैं। इस प्रकार से उसे जिन्दगी में खुशी का अनुभव होता है, लेकिन जब उसका मन उसके अनुकूल नहीं होता अथवा मन उसके वश में नहीं होता, तो इनसान को सभी कार्य कठिन लगने लगते हैं। तब उसे बड़ी परेशानियाँ उठानी पड़ती हैं तथा जीवन की सच्ची खुशी उससे कोसों दूर चली जाती है।

मन और बुद्धि दो सूक्ष्म शक्तियाँ हैं। मन का काम होता है – सोचना, विचार करना या संकल्प करना, जबकि बुद्धि का कार्य तर्क–वितर्क या विश्लेषण के जरिये किसी निष्कर्ष पर पहुँचना या फैसला करना होता है। मन और बुद्धि कोई अन्य चीजें नहीं, बल्कि मनुष्य की अपनी अन्तरात्मा की ही दो शक्तियाँ या दो भाग (हिस्से या अंग) हैं। मन के द्वारा मानव की आत्मा सोचने का काम करती है, जबकि बुद्धि के जरिये वह निर्णय लेने का काम करती है।

रूपक के रूप में देखें, तो मन और बुद्धि, मनुष्य की आत्मारूपी तराजू के दो पलड़े या हिस्से की तरह होते हैं। जब ये दोनों सूक्ष्म पलड़े अथवा हिस्से सन्तुलन या सामंजस्य की स्थिति में होते हैं, तो मनुष्य की आत्मस्थिति सहज, शान्त और सरल बनी रहती है।

हमारे मानसिक विचारों में तथा बुद्धि की निर्णयशक्ति में हरदम एकता होनी चाहिए। मन से हम अच्छे विचार सोचें तथा बुद्धि से उन अच्छे विचारों के ऊपर फैसला या निर्णय लें। मन और बुद्धि को सन्तुलन में रखना– इसी को मन का सामंजस्य कहा जाता है।

सामंजस्य से ही सारी समस्याओं का समाधान

सामंजस्य का मतलब होता है– दूसरों के साथ अपना तालमेल बिठाकर चलना। हम जहाँ कहीं जायें, जहाँ कही हों अथवा जहाँ कहीं रहें– हमें औरों के साथ तालमेल बिठाकर चलना चाहिए। कुछ लोग ऐसे होते हैं, जो दूसरों के सामने सिर्फ अपनी ही बात कहना भर जानते हैं। उनके अन्दर औरों की बात को सुनने–समझने की ताकत नहीं होती। यही कारण है कि अपनी बात कहने के चक्कर में ये लोग दूसरों के साथ लड़ाई–झगड़ा कर बैठते हैं।

सामंजस्य की जरूरत अपने घर–परिवार के अन्दर, नाते–रिश्तेदारों के बीच और घर से बाहर, हर जगह पड़ती है। अगर हमारे अन्दर दूसरों के साथ तालमेल या सामंजस्य बिठाने की कला नहीं है, तो हम सदैव दुःखी रहेंगे। कारण यह है कि ऐसी हालत में हम केवल अपनी बात को, अपने तथ्य और फैसले को महत्व देंगे तथा दूसरों की बातें जानते–बूझते हुए भी नजरन्दाज कर देंगे। अगर हमारे अन्दर सामंजस्य या तालमेल बनाने की शक्ति होगी, तो हम अपनी और दूसरों की कठिनाइयों पर आसानी से पार पा सकते हैं।

स्वभाव-संस्कारों का टकराव उचित नहीं

मानवजीवन जीते हुए हमें बड़े प्यार से आपस में हिल–मिलकर रहना चाहिए। तभी हमारी जिन्दगी में खुशियाँ आ सकती हैं। कभी–कभी लोगों के संस्कार–स्वभाव आपस में नहीं मिल पाते, इसलिए उनके जीवन में बड़ा झगड़ा खड़ा हो जाता है। कोई कुछ कहता है, तो दूसरा व्यक्ति कुछ और कहता है। एक ही बात को लेकर आपस में मतभेद खड़े हो जाते हैं, दरारें पड़ जाती हैं। संस्कार एक–दूसरे से अलग या विपरीत होने के कारण एक ही घर के दो लोग कभी–कभी इतनी बुरी तरह से लड़ने लगते हैं, मानो उनका आपस में एक जन्म का नहीं बल्कि कई जन्मों का वैर हो।

जीवन में खुशियाँ तभी मिलती हैं, जब हम स्वभाव–संस्कारों को आपस में मिलाना सीखें, एक दूसरे के विचारों को सम्मान देना सीखें। तभी हम जिन्दगी की खुशियाँ, कामयाबी और लक्ष्य की सिद्धि इत्यादि सबकुछ हासिल कर सकेंगे।

हम यह तो जानते हैं कि जिस तरह दुनिया में दो व्यक्ति की शकलें आपस में नहीं मिलतीं, दो व्यक्ति के कर्म और विचार आपस में नहीं मिलते, उसी प्रकार दो व्यक्ति के स्वभाव–संस्कार भी कभी आपस में नहीं मिलते हैं। लेकिन यदि हम इसी प्रकार की धारणा अपने मन में रखें तथा दूसरे के संस्कार–स्वभाव के साथ कभी अपना तालमेल बिठाने का प्रयत्न न करें, तो हम लोगों के बीच हमेशा ही दूरी बनी रहेगी। चाहे हम एक परिवार के सदस्य हों, आपस में पड़ोसी हों, मित्र हों या एक दूसरे के रिश्तेदार ही क्यों न हों।

संस्कारों के बीच तालमेल बिठाने के लिए जरूरी है कि हम एक–दूसरे के विचारों को सम्मान देना सीखें। किसी की बात की उपेक्षा करना या किसी से अपमानजनक शब्द कहना बुरी बात है। अगर हम आज किसी की उपेक्षा करेंगे, तो कल दूसरा व्यक्ति हमारी भी उपेक्षा कर सकता है। अगर हम आज किसी का अपमान करेंगे, तो कल हमको भी अपना अपमान सहना पड़ सकता है। यह तो क्रिया की प्रतिक्रिया और लेने का देना है। व्यक्ति जैसा कर्म करता है, वैसा ही उसका फल पाता है। जैसे बोल बोलता है, वैसे ही कड़ुवे या मीठे वचन वह दूसरों से सुनता है। जैसा व्यवहार हम दूसरों के साथ करेंगे, वैसा व्यवहार दूसरे लोग हमारे साथ भी करेंगे, यह बात हमको भूलनी नहीं चाहिए।

इस दुनिया में सभी मनुष्यों को अपने हिसाब से सोचने का तथा अपने–अपने हिसाब से कर्म करने का अधिकार है। सब लोग अपने आजाद मन से, अपने तरीके से सोचते–समझते और कर्म करते हैं। सबकी अपनी–अपनी आदतें हैं, इसलिए सबके स्वभाव–संस्कार अलग–अलग प्रकार के होते हैं।

आदतें चाहे किसी की अच्छी हों या बुरी, स्वभाव किसी का बुरा हो या अच्छा, हमें किसी से शत्रुता, कपट, ईर्ष्या या विरोध–भाव नहीं रखना चाहिए। हमें तो सदैव यही समझना चाहिए कि हम संसार के सभी मनुष्य एक ही परमपिता परमात्मा की सन्तानें हैं, इस नाते से हम सभी एक ही ईश्वरीय परिवार के सदस्य हैं तथा आपस में भाई–बहन हैं। जब तक हम दूसरे लोगों के साथ इस प्रकार का अपनापन नहीं रखेंगे, तब तक हमारे मन में अपनेपन का भाव नहीं आयेगा और हम जीवन की

सच्ची खुशी का अनुभव प्राप्त नहीं कर सकेंगे।

यदि एक मानव दूसरे से टकराता रहेगा, तो यह दुनिया कभी खुशहाल नहीं हो पायेगी। जब कोई मनुष्य दूसरे से टकराता है, तो वह एक तरह से उसके जीवन की सुख–शान्ति का दुश्मन बन जाता है। दूसरे का सुख से रहना उससे देखा नहीं जाता तथा वह किसी भी प्रकार से दूसरे व्यक्ति के सुख के रास्ते में, उसकी उन्नति और शान्ति के रास्ते में रुकावटें पैदा करता है।

कुण्ठा और निराशा कैसी?

मनुष्य के खुश न रहने का एक कारण यह भी है कि उसका मन किसी न किसी बात को लेकर कुण्ठित रहता है। जब उसके मन की इच्छा की पूर्ति नहीं हो पाती, तो उसे निराशा का अनुभव होता है। ऐसी हालत में आदमी सोचता है कि उसे जो प्राप्त होना चाहिए था, वह उसे प्राप्त नहीं हो पाया है।

कुण्ठित मन की वजह से आदमी दूसरों से असन्तुष्ट रहने लगता है। बात–बात पर वह दूसरों से लड़ाई–झगड़ा कर बैठता है। उनकी कोई भी बात उसके मन को नहीं भाती है। जीवन की असफलताओं से मिली निराशा, दुःख के रूप में उसके मन के अन्दर इतनी गहराई से प्रवेश कर जाती है कि वह हर किसी को अपना विरोधी तथा दुश्मन मानने लगता है। अगर हमारा मन भीतर से कुण्ठित और निराश होगा, तो जीवन की खुशियाँ सदा ही हमसे दूर होती रहेंगी।

जो कुण्ठा हमारे किसी काम की न हो, हमको या दूसरों को किसी प्रकार का सुख अथवा लाभ न पहुँचाती हो, उस कुण्ठा का हमें सर्वथा त्याग ही कर देना चाहिए।

खुशियों के रास्ते की प्रमुख रुकावटें

अब हम उन रुकावटों या विघ्नों की संक्षिप्त रूप से चर्चा करेंगे, जो इनसान की खुशियों के आगे प्रश्नचिह्न लगा देती हैं अथवा कभी उसे खुश नहीं रहने देतीं। ऐसी कुछ रुकावटें इस प्रकार की हैं:–

(1) तेरी–मेरी के चक्कर में, अहम् या अभिमान के चक्कर में फँसना

(2) परनिन्दा या दूसरों की बुराई करना

(3) दूसरों की उन्नति से द्वेष रखना

(4) कई प्रकार के दुर्व्यसन और कुंसग की लत

(5) आलस्य और निकम्मापन

(6) शारीरिक तथा मानसिक कमजोरी

(7) स्वार्थपरता और कृपणता या कंजूसी

(8) मन का बहकना या अनियन्त्रित होना

(9) मन की नासमझी या अविवेक

(10) काम, क्रोध, लोभ, मोह आदि मनोविकार

(11) अन्धविश्वास और कुरीतियों का बन्धन

(12) अशिक्षा और अज्ञानता

(13) धैर्यहीनता एवं जल्दबाजी

(14) दूसरों की बुरी नजर का लगना, तथा

(15) नकारात्मक दृष्टिकोण

आदमी की खुशियों को पहला विराम तब लगता है, जब वह अपने आपको ही सब कुछ समझने लगता है अथवा तेरी–मेरी के चक्कर में फँस जाता है। व्यक्ति का अपना अहम् ही उसकी खुशियों के रास्ते में रुकावट बनकर खड़ा हो जाता है। जिस व्यक्ति को अपनी देह का घमण्ड होगा, उसके पास सच्ची आत्मिक खुशी भला कैसे ठहर सकती है? जिस व्यक्ति को अपना अभिमान होता है, वह दूसरों को अपने आगे हमेशा ही तुच्छ समझता है। कोई चाहे कितने ही सीधेपन से और नम्रता से बात करे, लेकिन अभिमानी व्यक्ति उसके अन्दर भी कमियाँ या बुराइयाँ निकाल देता है।

जो व्यक्ति दूसरों के अन्दर दोष अथवा बुराइयाँ देखकर अन्य लोगों के आगे उनकी बुराइयों का बखान या वर्णन करता है, उसको 'परनिन्दक' कहा जाता है। परनिन्दा करने वाला व्यक्ति भला कैसे सच्चा सुख प्राप्त कर सकता है ? जब वह सच्चा आत्मिक–सुख चाहता है, तो उसके आगे दूसरों के जीवन की कोई न कोई बुराई आ जाती है। बुराई को देखने की वजह से उसका मन दूषित और संकीर्ण हो जाता है। इसका परिणाम यह होता है कि एक प्रकार का रुखा–सूखापन उसकी आत्मा के अन्दर समा जाता है।

मनुष्य तब तक सुखी नहीं हो सकता, जब तक कि वह दूसरों की खुशियों को अपने जीवन में शामिल नहीं कर लेता। अगर हम किसी की उन्नति या खुशियों से द्वेष रखते हैं, तो हम भला कैसे सच्चा आत्मिक सुख प्राप्त कर सकते हैं ? सच्ची खुशी वह पाता है, जिसके हृदय में दूसरों के प्रति संवेदना और सहानुभूति का भाव होता है।

शराब, बीड़ी, सिगरेट, चरस, अफीम, गाँजा, स्मैक, हेरोइन आदि नशीले पदार्थ और जुए–सट्टे की बुरी लत आदमी के शरीर, मन तथा धन को अन्ततः नुकसान ही पहुँचाते हैं। दुर्व्यसन चाहे कोई भी क्यों न हो– ये सब मनुष्य के मन की खुशियों को छीन लेते हैं। दुर्व्यसनों के साथ–साथ कुसंग की बुरी आदत भी आदमी के जीवन की खुशियों को विराम लगा देती है।

जो व्यक्ति आलसी अथवा कामचोर होता है, वह कभी किसी प्रकार की मेहनत नहीं करना चाहता तथा बिना मेहनत के ही जिन्दगी का सुख प्राप्त कर लेना चाहता है। ऐसे आलसी और निकम्मे लोगों को भला जीवन की सच्ची खुशी कैसे प्राप्त हो सकती है ? खुशी कोई फार्मूला का सिद्धान्त नहीं है। यह तो आदमी के सद्विचारों का तथा सद्कर्मों का परिणाम होता है। आदमी यदि मेहनत करना छोड़ दे, तो उसके मन में कई तरह की हीन भावनाएँ अथवा कमजोरियाँ आती जायेंगी।

आलसी व्यक्ति कभी किसी के दिल की दुआ या प्रशंसा नहीं पा सकता, क्योंकि दूसरों के हित के लिए वह कुछ करना ही नहीं चाहता। मन से चाहे सभी का भला सोचता हो, लेकिन जरूरत पड़ने पर अगर वह दूसरों के हित के लिए अपने शरीर से कोई मेहनत न करे, तो दूसरों की तारीफों का पात्र कैसे बन सकता है ? जब तक हम किसी का भला नहीं करेंगे, तब तक समाज हमको अच्छा नहीं कहेगा और खुशियाँ भी हमसे दूर–दूर ही रहेंगी।

जब आदमी बीमार पड़ जाता है या तन–मन अथवा दिमाग से कमजोर हो जाता है, तब भी उसके जीवन की खुशियों पर प्रश्नचिह्न या विराम जैसा लग जाता है। शारीरिक तथा मानसिक कमजोरी व्यक्ति को खुशियों का भरपूर अहसास नहीं होने देती। इसके बजाय आदमी का ध्यान अपने मन की चिन्ताओं तथा शारीरिक तकलीफ पर ज्यादा रहता है। जब तक हम अपने तन–मन और दिमाग को पूर्णतः स्वस्थ बनाने का प्रयास न करेंगे, तब तक हम जीवन के भरपूर आनन्द का अनुभव नहीं कर पायेंगे।

स्वार्थी और कृपण या कंजूस व्यक्ति जिन्दगी में खुशियाँ तो चाहता है, लेकिन खुशी पाने के लिए जरा-सा भी धन खर्च नहीं करना चाहता। फल आदि पौष्टिक आहार खरीदने में, तीर्थस्थानों का भ्रमण करने में, उत्तम कोटि की पुस्तकें खरीदने में तथा दान-दक्षिणा देने में वह धन की बर्बादी समझता है।

यह सच है कि थोड़ा-बहुत त्याग किये बिना हमको जीवन की खुशियाँ प्राप्त नहीं हो सकतीं। अपने घर-परिवार और समाज के बीच रहते हुए अगर हम हर बात में अपना स्वार्थ सिद्ध करते रहेंगे, तो कोई भी व्यक्ति हमारी मदद करने के लिए तैयार न होगा।

आदमी का मन जब बहक जाता है अथवा अनियन्त्रित हो जाता है, तो उसका दिमाग फिर किसी भी जगह स्थिर नहीं हो पाता। खुश रहने की बात तो छोड़िये, ऐसी हालात में मनुष्य का मन जरा-सी देर के लिए भी स्थिर या सामान्य नहीं रह पाता।

बुद्धि का अविवेक तथा मानव की नासमझी से भी आदमी को कई बार बड़ा नुकसान उठाना पड़ता है। अविवेक में व्यक्ति दूसरों से क्या कुछ उल्टा-सीधा नहीं कह जाता। अपने गलत आचरण और व्यवहार की वजह से वह बाद में बहुत पछताता भी है। अविवेक के कारण खुशी तो गायब हो ही जाती है, लेकिन अपने द्वारा हुई गलतियों का काफी बड़ा नुकसान भी आदमी को उठाना पड़ता है। उपर्युक्त दिक्कतों के अलावा काम, क्रोध, लोभ, मोह आदि मनोविकार जिनको शास्त्रों में "नर्क का द्वार" कहा गया है- इन सबकी वजह से भी इनसान की खुशियों को ग्रहण लग जाता है। इनमें से हर एक बुराई इनसान के मन की खुशी को छीन लेने वाली है तथा उसे हर प्रकार से दुःखी बनाने वाली है।

'काम वासना' की उत्पत्ति दैहिक आकर्षण से होती है। इस तरह की भावनाओं से सदा घिरा रहने वाला व्यक्ति कभी खुश नहीं रह पाता। विषय-भोग की अतृप्त इच्छा उसके अन्दर निरन्तर बनी रहती है तथा ऐसी अशुद्ध इच्छाओं के कारण व्यक्ति अन्दर से दुर्बल, असन्तुष्ट तथा खोखला होता जाता है।

'क्रोध' या गुस्सा जहाँ मनुष्य के मन की शक्ति को नष्ट करता है, वहीं वह उसकी आत्मिकशक्ति और जीवन की सुख-शान्ति को भी क्षीण करता है। गुस्से पर काबू रखने वाला व्यक्ति ही सच्ची खुशी का अनुभव कर सकता है, हर कोई नहीं।

'लोभ और लालच' का शिकार हुआ आदमी हमेशा इसी फिक्र में पड़ा रहता है कि उसके पास अधिक से अधिक धन—दौलत या सुख—सुविधाओं का सामान कैसे इकट्ठा हो ? अपनी धन—सम्पत्ति या सुख—साधनों को वह दूसरों के लाभ या हित के लिए जरा भी खर्च नहीं करना चाहता। हर समय केवल अपने स्वार्थों को ही पूरा करना चाहता है तथा वह चाहता है कि उसके मन की खुशी भी कभी समाप्त न हो।

जीवन की सच्ची खुशी 'लेने' से या जमा करने से ही नहीं, बल्कि दूसरों को 'देने' से अथवा बाँटने से ही आती है। इस बात को वे ही व्यक्ति जान सकते हैं, जो खुशियाँ हर पल दूसरों को बाँटते रहते हैं तथा दूसरों की दुःख—तकलीफें हरने से जिनको खुशी मिलती है।

'मोह अथवा आसक्ति' एक ऐसी चीज है, जो हमको सदा प्रसन्न या खुश नहीं रहने देती। जो व्यक्ति किसी एक आदमी से मोह रखता है, वह दूसरों से सच्चा प्यार कैसे कर सकता है ? दूसरों से सच्चा प्रेम करने वाले व्यक्ति की कभी किसी एक आदमी के साथ आसक्ति नहीं हो सकती। वह तो सभी से सच्चा प्यार करता है।

इस प्रकार काम, क्रोध आदि मनोविकार या बुराइयाँ किसी न किसी बात से सदैव आदमी को तंग या परेशान करती रहती हैं। जो व्यक्ति अन्धविश्वास और कुरीतियों का या अन्धी मान्यताओं का शिकार हो जाता है, वह कभी जीवन की सच्ची खुशी का अनुभव नहीं कर पाता। कुरीतियाँ भूत—प्रेत बनकर हर समय उसे डराती रहती हैं। इन सबके चक्कर में फँसा व्यक्ति सुख की साँसे लेने के बजाय दुःख, निराशा और बेचैनी का अनुभव करता है।

मनुष्य के मन की खुशी को समाप्त करने में अशिक्षा और अज्ञानता भी एक कारण है। अशिक्षा के कारण जब आदमी अक्षरों की शक्ति के अद्भुत रहस्य को नहीं पहचान पाता, तो उसको दुःख होता है। रेलगाड़ी और बस पर छपे अंक और शब्दों को ठीक से न समझ पाने के कारण वह गलत वाहन में चढ़ जाता है। बाद में उसे काफी पछताना भी पड़ता है। इसी प्रकार अज्ञानता में आदमी नासमझी जैसे कई काम कर बैठता है। जल्दबाजी में या त्रुटिपूर्ण तरीके से काम करने के कारण इनसान को बाद में पछताना भी पड़ता है।

आइये! हम अपने जीवन में छाये अशिक्षा व अज्ञानता के अन्धकार को मिटायें तथा सद्ज्ञान एवं विवेक के प्रकाश से संसार को रोशन करें। तभी हमें जिन्दगी की खुशियाँ हासिल हो सकती हैं।

विपत्ति और दुःख के समय मनुष्य का सबसे निकटस्थ मित्र 'धीरज' ही होता है। जो लोग धैयहीनता और जल्दबाजी से काम करते हैं, वे जल्दबाजी के चक्कर में कभी–कभी अपने काम को बिगाड़ भी देते हैं। केवल धैर्य ही वह चीज है, जिसके बल पर आदमी अपने सारे काम सन्तोष एवं शान्ति के साथ कर पाता है। जरा–सी अधीरता, जरा–सी चंचलता हमारे मन की स्थिति को और काम को खराब कर देती है, इसलिए जहाँ तक हो सके, अपने मन के धीरज का दामन आप कभी न छोड़िए। इससे आपके मन की खुशियों को कलंक कभी नहीं लगेगा तथा आप लम्बे समय तक जिन्दगी के वास्तविक सुख का आनन्द उठा सकेंगे।

कभी–कभी मनुष्य के अन्तर्मन में छायी खुशी उसकी खुद की कमी, कमजोरियों या गलतियों की वजह से गायब नहीं होती, लेकिन दूसरों की बुरी नजर उसको लग जाती है। वह खुद कोई गलती नहीं करता, परन्तु दूसरों की आहें उस पर अपना असर जमा लेती हैं। इस वजह से भी इनसान की जिन्दगी से खुशियाँ विदाई ले लेती हैं। ऐसे कुदृष्टि वाले लोगों से आप अपने–आपको सदा बचाकर चलें। उसके सामने अपनी क्षमताओं और विशेषताओं का बखान न करें। जहाँ तक हो सके, आप उसके सामने विनम्र अथवा सीधे–सादे ही बने रहें। इससे वह इनसान आपको साधारण समझेगा तथा आपको नजरन्दाज कर बुरी निगाह आपके ऊपर नहीं डालेगा।

दूसरों की बुरी नजर से बचाने के लिए कुछ लोग अपने नये भवन या आलीशान मकान के दरवाजे पर काला मुखौटा लगा लेते हैं। इसी प्रकार माताएँ अपने सुन्दर बच्चों के माथे पर नजर का काला टीका लगा देती हैं। दूसरों की बुरी नजर उतारने के लिए नीबू–मिर्च और लुहासे (लुहार के) पानी का भी प्रयोग किया जाता है। ये सब उपाय इसलिए करने पड़ते हैं, ताकि आदमी के मन की खुशियाँ बनी रहें। उसको जिन्दगी में किसी प्रकार की परेशानी न उठानी पड़े।

आदमी का गलत अथवा नकारात्मक दृष्टिकोण भी कभी–कभी उसकी जिन्दगी की खुशियों को आग लगा देता है। नकारात्मक नजरिया रखने वाले इनसान कभी किसी अन्य व्यक्ति को अच्छा नहीं समझ सकते। वे सबके अन्दर बुराइयाँ अथवा

कमी–कमजोरियाँ ही ढूँढ़ते रहते हैं। नकारात्मक दृष्टिकोण एक ऐसी चीज है, जो इनसान को पग–पग पर धोखा देता है। वह मनुष्य को किसी भी व्यक्ति का अथवा जिन्दगी का वास्तविक रूप न दिखाकर दूसरा ही रूप दिखाता है।

इनसान का नकारात्मक नजरिया कीचड़ की तरह होता है, जिसमें इनसान लगातार डूबता जाता है। किसी प्रकार की सुन्दरता या सुस्वास्थ्य की प्राप्ति उसे इस तरह के गलत नजरिये से नहीं हो पाती। नकारात्मक दृष्टिकोण के कारण आदमी जहाँ दूसरों को हर बात में गलत समझता है, वहीं कभी खुद को भी किसी बात के लिए दोषी अथवा अपराधी मानकर हीन भावनाओं से घिर जाता है। अपनी जिन्दगी के प्रति हीनभावना या कुण्ठा कभी–कभी उसके अन्दर इतनी गहरी हो जाती है कि वह अपनी आत्महत्या तक कर लेता है।

मन का सामंजस्य : जीवन की उन्नति

जहाँ पर मन के अन्दर सामंजस्य होता है, वहीं पर जिन्दगी सुखदायी बनी रहती है। एक बार जहाँ मन के अन्दर सामंजस्य बिगड़ा या मन के तार बिगडे कि आदमी के दिमाग में तनाव और अशान्ति बढ़ने लगती है तथा आदमी का जीवन दुःखों का बोझ बनकर रह जाता है। इसलिए जहाँ तक हो सके, आप अपने मन के सामंजस्य को, मन की स्थिति को बिगड़ने मत दीजिए। अगर आपका मन स्थिर रहेगा तथा सधा रहेगा, तो जीवन के प्रत्येक क्षेत्र में आपको उन्नति हासिल होती रहेगी।

मन के नियन्त्रण से ही मन में सामंजस्य पैदा होता है। जिस व्यक्ति के मन में सामंजस्य और स्थिरता होती है, वह हर कार्य को बड़ी समझदारी से करता है। ज्ञानी व्यक्ति को अपने सत्कर्मों के परिणाम की चिन्ता नहीं रहती। उसे पता रहता है कि अच्छे कर्मों का फल हमेशा अच्छा ही मिलता है। यह बात हमारे धर्मशास्त्रों में भी लिखी गयी है।

महापुरुषों ने ज्ञान, सत्संग तथा आध्यात्मिक साधना के जरिये मन को साधने की बात कही है। मन को साधना ही व्यक्ति के जीवन की असली साधना है। जितने भी प्रकार की साधनाएँ दुनिया में प्रचलित हैं अथवा की जाती हैं, उन सबका एक ही उद्‌देश्य होता है कि किसी भी प्रकार से मन को साधा जाये। मन को साधकर, मन में सामंजस्य बिठाकर ही वैज्ञानिक नयी–नयी खोजें या अनुसन्धान–कार्य करते हैं, आध्यात्मिक जगत के साधक योग की दिव्य

सिद्धियाँ प्राप्त करते हैं, दार्शनिक और विद्वान गहन मनन–चिन्तन करके दर्शन के गहरे रहस्यों का पता लगाते हैं। इस प्रकार के कार्यों से इन विशेष व्यक्तियों को खुशी मिलती है।

घर–परिवार में खुशहाली तभी रह पाती है, जब परिवार के सभी लोगों के बीच सामंजस्य और एकता बनी रहती है। वे एक–दूसरे की भावनाओं का सम्मान करके जिन्दगी में तरक्की हासिल करने का तथा मिलजुलकर खुश रहने का प्रयत्न करते हैं।

मन का सामंजस्य (मन की स्थिरता और शान्ति) ही मनुष्य के जीवन की सबसे बड़ी सफलता है।

सामंजस्यपूर्ण जीवन : खुशहाल जीवन

केवल मनुष्य के ही जीवन में नहीं बल्कि प्रकृति के विभिन्न उपादानों, तत्त्वों या उपकरणों के बीच सामंजस्य की अद्भुत कला हमको दिखायी देती है। यही कारण है कि प्रकृति के तत्त्व और प्राकृतिक माहौल पृथ्वी पर हमेशा कायम रहते हैं। पृथ्वी पर पेड़–पौधों का उगना प्रकृति के सामंजस्य के कारण ही हो पाता है। यद्यपि एक समय पेड़–पौधे वृद्ध होकर नष्ट भी हो जाते हैं, लेकिन उनका बीज फिर से अपने समान नये पौधों को जन्म देता है।

पृथ्वी के ऊपर सभी पेड़–पौधे अद्भुत सामंजस्य के साथ उगते हैं। वे कभी अपने स्थान को छोड़कर नहीं जाते। उनका मन एक ही जगह पर स्थिर बना रहता है। अगर पेड़–पौधों का (काल्पनिक) मन गति करे, इधर–उधर घूमने की इच्छा करे, तो उसकी जड़ें टूट जायेगी। सारा पौधा ही उखड़कर मृत हो जायेगा।

मन की स्थिरता भी इसी प्रकार की होती है। मानव का मन यदि वृक्ष या पौधे की जड़ों की तरह मजबूत और स्थिर है, तो उसके मन के अन्दर दृढ़ता या मजबूती बनी रहती है। मन में भरपूर शक्ति के कारण उसको मानसिक सुख–शान्ति का भी भरपूर अनुभव होता है तथा जिस काम को वह करना शुरू करता है, उस काम में सफलता भी उसको मिलती है।

यदि आप अपने घर–परिवार के माहौल में या कर्मक्षेत्र पर सुखी होकर रहना चाहते हैं, तो आप ऐसे माहौल के अन्दर अपना सामंजस्य बिठाकर चलिए। अपने बीबी–बच्चों के साथ, कर्मक्षेत्र के सहकर्मचारियों के साथ, मित्रों के साथ,

आस-पड़ोस के लोगों तथा नाते-रिश्तेदारों के साथ सामंजस्य बिठाकर चलिए। इससे आपको अपनी जिन्दगी में कहीं कोई मुश्किल या परेशानी का सामना नहीं करना पड़ेगा तथा कोई आपका वैरी या विरोधी भी नहीं बनेगा।

सामंजस्य ही मानव के जीवन की खुशियों का मूल है। एक बार जिसने जिन्दगी में सामंजस्य बिठाना सीख लिया, वह कहीं भी सुखी होकर रह सकता है। उसकी मन की खुशियों को कभी ग्रहण नहीं लग सकता।

✳✳✳

सातवाँ कदम

सहनशीलता

मन की खुशी को स्थायी रखने का सबसे महत्वूपर्ण उपाय 'सहनशीलता का गुण' या सहनशीलता की शक्ति है। जब कभी हम लोगों को जिन्दगी की खुशियाँ उपहार में मिल जाती हैं, तो हम उन खुशियों को अपने मन के कोश के अन्दर स्थायी नहीं रख पाते हैं। इसका एक ही कारण होता है। वह है– मन की चंचलता अथवा अस्थिरता । इस कारण से जिन्दगी की बहुत–सी बातों को समाने की शक्ति हमारे अन्दर इकट्ठी नहीं हो पाती है। जरा–जरा सी बात को लेकर हम बिगड़ पड़ते हैं तथा बिना बात ही दूसरों पर गुस्सा करने लगते हैं। यह सब मन की सहनशीलता की कमी की वजह से होता है।

सहन करने वाला ही सहनशाह (शहंशाह) अथवा सम्राट

शहंशाह कहा जाता है– राजा अथवा सम्राट् को। भला ऐसा कौन–सा व्यक्ति होगा, जो कभी राजा या बादशाह नहीं बनना चाहेगा, लेकिन सम्राट् बनने के लिए जो मेहनत है, वह केवल कोई–कोई ही कर पाता है।

दुनिया में किसी देश के राजा, राष्ट्रपति या प्रधानमन्त्री को सबसे बड़ा व्यक्ति माना जाता है। राजा दूरदर्शी, समझदार, विवेकशील तथा सहनशील प्रकृति का होता है। जब प्रजा उसके खिलाफ बगावत कर देती है, तो वह बड़ी समझदारी और सहनशीलता के साथ अपनी प्रजा को समझाता है।

आम इनसान जहाँ थोड़ी–सी बात के पीछे अपना धीरज त्याग देता है, राजा वहीं पर स्थायी रूप से टिका रहता है तथा तब तक अपना धीरज नहीं छोड़ता,

जब तक कि उसका अस्तित्व नहीं मिट जाता अथवा वह सब तरफ से निराश नहीं हो उठता है।

जिन्दगी की खुशियों को कायम रखने के लिए सहनशीलता के गुण को अपनाना जरूरी है। अगर आपके पास सहनशीलता है अथवा सहनशीलता का गुण आपके अन्दर है, तो आपकी खुशियों को कभी ग्रहण नहीं लग सकता। अच्छा या बुरा – कैसा भी व्यक्ति अगर आपके सम्बन्ध–सम्पर्क में आयेगा, तो आपकी खुशी को, आपकी अविचल स्थिति को कभी डिगा नहीं पायेगा।

दुनिया में सहनशील व्यक्तियों को ही 'मकान' समझा जाता है। उनके अन्दर सबकी बातों को समाने की शक्ति होती है। दूसरों की छोटी–मोटी भूल–गलतियों को वे यों ही क्षमा कर देते हैं। क्षमा के गुण की वजह से उनकी मजबूत आत्मस्थिति पर कोई फर्क नहीं पड़ता तथा उनके मन की शान्ति पूर्ववत् ही कायम रहती है।

सबसे बड़ी सहनशील हस्ती : ईश्वर या परमपिता परमात्मा

मनुष्य की खुशियों को ग्रहण लग भी सकता है, लेकिन भगवान की खुशियों को कभी ग्रहण नहीं लग सकता। कारण यह है कि वह छोटी–छोटी बातों में, दुनिया की हरकतों को देखकर अपने मन को परेशान नहीं करता है। ईश्वर या प्रभु को 'सच्चिदानन्द घन' कहा जाता है। इसका मतलब यह है कि वह सत्य है (सत् या सत्य), चित्त अर्थात चैतन्य (जीता जागता) है तथा आनन्द घन (आनन्द का समुद्र) है। सच्चिदानन्द घन परमात्मा के मन की शान्ति का, उनकी अन्तरात्मा की खुशी का प्रवाह कभी नहीं टूटता। वह सदैव एक रस ही बना रहता है।

दूसरी तरफ, इनसान का स्वभाव है कि वह कुछ स्वार्थी किस्म का होता है। जरा–जरा सी बात को लेकर वह बुरा मान जाता है और दूसरों से रूठ जाता है। इससे दूसरों की आत्मावस्था पर चाहे कोई असर पड़ता हो अथवा न पड़ता हो, लेकिन मनुष्य की खुद की आत्म–स्थिति पर प्रभाव जरूर पड़ता है।

परमेश्वर किसी देश या राष्ट्र का राजा अथवा शहनशाह तो नहीं है। न ही वह विश्व के किसी देश का राष्ट्रपति अथवा प्रधानमन्त्री है, लेकिन परमात्मा सबका नियामक या रचयिता अवश्य है। यह सारा संसार उसी एक ईश्वर के इशारे पर चलता है। परमेश्वर के मन में कभी यह इच्छा भी नहीं उठती कि वह किसी बड़े, विकसित देश का सर्वेसर्वा बन जाये तथा उसके इशारे पर ही सारे लोग

चलें। वह तो संसार की सभी मनुष्यात्माओं का पिता है। इस कारण से दूसरों की कमी-कमजोरियाँ और भूलों को वह क्षमा कर देता है। इसीलिए तो परमात्मा सबसे बड़ा या महान कहलाता है।

हम भले ही ईश्वर या प्रभु न हों, लेकिन ईश्वर के बालक जरूर हैं। इस नाते से हमारे भीतर भी ईश्वर की कुछ क्वालिटी अथवा विशेषताएँ अवश्य होनी चाहिए। जिस प्रकार ईश्वर सबके प्रति रहमदिल तथा सहनशील है, वैसे ही हमको भी दुनिया के सभी मनुष्यों के प्रति सहनशील जरूर बनना चाहिए।

भगवान को चाहे कोई कितनी भी गालियाँ दे और बुरा-भला कहे, लेकिन वह किसी की बात का बुरा नहीं मानता। उसके मन में सदैव सबके प्रति शुभभावना बनी रहती है। ईश्वर-पिता की हम मनुष्यात्माओं के प्रति यही मंगलकामना रहती है कि उसके बच्चे सुख से रहें, जहाँ कहीं हों- चैन से रहें। उनको किसी प्रकार की तकलीफ न हो।

ऐसी ही मंगलकामनाएँ हमारे मन के अन्दर होनी चाहिए। कोई हमसे चाहे कुछ भी कहे, लेकिन हमको किसी की बातों का बुरा मानने की आवश्यकता नहीं है। कारण यह है कि दुनिया के सभी लोगों का अपना-अपना स्वभाव व संस्कार है और सबसे बड़ी बात तो यह है कि दुनिया के सभी लोग एक ही परमपिता परमात्मा अथवा ईश्वर की सन्तानें हैं।

सहनशीलता कैसे आयेगी ?

सहनशीलता किसी प्रकार का मन्त्र जपने से या जादू-टोना करने से नहीं आयेगी। वह तो, जैसा कि पहले अध्याय में बताया गया है- मन की स्थिरता तथा सामंजस्यपूर्ण स्थिति से ही आती है।

धीरज, सन्तोष, मन की शान्ति, विवेक, समझ, ईश्वरीय ज्ञान तथा सत्संग- ये कुछ उपाय हैं, जिनके जरिये व्यक्ति सहनशीलता का गुण पा सकता है और इन्ही सब बातों के कारण वह अपने मन की खुशी को स्थायी रख सकता है।

शान्ति और कुछ नहीं बल्कि मनुष्य की अपनी आत्मा का ही निजी गुण अथवा स्वधर्म है। जो व्यक्ति अपनी अन्तरात्मा की शान्त स्थिति में टिक जाता है, वह जल्दी ही किसी की बात का बुरा नहीं मानता।

जिसके मन में धीरज होता है, वह अपनी जिन्दगी की खुशियों को हमेशा थाम कर चलता है। धीरज वह चीज है, जो मनुष्य को अन्दर ही अन्दर समझाता रहता है कि अभी थोड़ा ठहरकर चलो। सुख और उन्नति का समय आने ही वाला है।

यद्यपि जिन्दगी में पग–पग पर इनसान के धैर्य की परीक्षा होती है, लेकिन मजबूत आत्मस्थिति वाले लोग संकट के समय में भी अपने धीरज को कायम रखते हुए जीवन की डोर को साधे रखते हैं।

शान्ति और धीरज के बाद तीसरा जो गुण सहनशीलता में मदद करता है, वह सन्तोष है। सन्तोष का मतलब है– जो कुछ आपको मिला है, उसमें प्रसन्न बने रहना तथा किसी भी अन्य चीज की इच्छा या तृष्णा न रखना। इच्छा अथवा तृष्णाएँ मनुष्य को दुःख देती हैं और दुःख की वजह से आदमी अपनी जिन्दगी में खुश या प्रसन्न नहीं रह पाता। जहाँ तक हो सके आप अपने मन में सन्तोष बनाये रखिए। इससे आपकी सहनशीलता नष्ट नहीं होने पायेगी।

इनसान और पशु के बीच मुख्य अन्तर यही है कि इनसान सोच–विचार कर कार्य करता है तथा विवेक से जीवन बिताता है, जबकि पशु के अन्दर विवेक नाम की कोई चीज नहीं होती। वह जरा–सी बात पर अन्य पशुओं से लड़ पड़ता है।

अगर इनसान भी इस तरह अविवेक से काम ले, तो वह भी पशुओं की भाँति केवल खाने, सोने तथा लड़ने–झगड़ने में ही अपने जीवन को बर्बाद कर देगा। भगवान ने हम लोगों को सद्बुद्धि या समझ दी है, हमें उसका प्रयोग करना चाहिए, कभी भी अविवेक या नासमझी के कारण कोई ऐसा गलत काम नहीं करना चाहिए, जिसके कारण हमको पछताना पड़े।

गम्भीरता मनुष्य के हृदय की विशालता तथा उसके व्यक्तित्व की गहराई को प्रकट करती है। जो व्यक्ति गम्भीर होता है, वह अपने मन की खुशी या सुख को लम्बे समय तक कायम रख पाता है। गम्भीर होने का मतलब यह नहीं है कि हम रूखे–सूखे, उदास, दुःखी और चिन्तित होकर रहें। न किसी से बोलें और न हँसें, न मुस्करायें बल्कि गम्भीरता का मतलब यह है कि हम व्यर्थ की चंचलता में अपने मन की शान्ति और जीवन की खुशी को बर्बाद न करें।

आमतौर से गम्भीर व्यक्तियों को सहनशील होते हुए ही देखा जाता है। वे इधर उधर समय बर्बाद नहीं करते हैं। जो कुछ उनको मिल चुका है, उसे लेकर वे प्रायः

सन्तुष्ट ही रहते हैं तथा मजबूत दृढ़ स्थिति से जीवन की प्रतिकूल परिस्थितियों का सामना करते हैं।

सहनशीलता को कायम रखने के लिए एक और चीज की सबसे ज्यादा जरूरत पड़ती है। वह चीज है ज्ञान का मनन–चिन्तन करने की। ज्ञान ही वह तरीका है, जो मनुष्य की जीवन की समस्याओं को हल करता है। किसी की बात को सहन करने का बल जितना सुविचारों के जरिये अथवा ज्ञान के जरिये मिलता है, उतना और किसी बात से नहीं मिलता। अगर आपके पास ज्ञान के स्वर्णिम विचार हैं, तो आपके जीवन की खुशियों को न तो कोई लूट सकता है और न ही छीन सकता है।

उदारता का मतलब है – बड़े दिल वाला होना। जब हम किसी व्यक्ति के प्रति उदार होते हैं, तो कभी अपनी स्वार्थपूर्ति के बारे में नहीं सोचते। अगर किसी व्यक्ति को किसी चीज की जरूरत होती है, तो बिना किसी संकोच या अभिलाषा के हम अपनी चीज या साधनों के द्वारा उसको मदद करने का प्रयास करते हैं।

धन्य है वे लोग, जो उदार प्रवृति के हैं, क्योंकि वे ही ईश्वर–पिता के समकक्ष या उनके जैसे महान बन सकते हैं तथा दूसरों की आशाओं को पूरा करने में सहायक बन सकते हैं।

अब बात आती है– अन्तर्मुखता की। अन्तर्मुखी बनने का मतलब यह है कि हम दुनिया की बाहरी बातों से अपने मन को निकाल दें तथा अपनी आत्मा की अवस्था में स्थित हो जायें। अन्तर्मुखी व्यक्ति संसार की छोटी–मोटी या ऊँची–नीची बातों में अपने मन को नहीं उलझाता, बल्कि वह एकाग्र मन से अपने सद्‌गुणों की अवस्था में अथवा जीवनमूल्यों की बेहतर स्थिति में टिका रहता है। अन्तर्मुखी स्वभाव वाले व्यक्ति को किसी से कोई लेना–देना ही नहीं होता, फिर कोई उसका दुश्मन भला क्यों कर बन सकता है?

सहनशक्ति का सबसे बड़ा उदाहरण है– मानवजीवन के कष्टों को सहन करना। रोग या बीमार की हालत में भी आदमी को अपने कष्ट सहन करने पड़ते हैं। अगर कष्ट सहते हुए भी हमारी स्थिति प्रसन्न रहे, तो यह मानव की सहनशीलता का सबसे बड़ा उदाहरण कहा जायेगा।

जीवन के कष्ट आदमी के मन को इतना कमजोर बना देते हैं कि अपने कष्टों से उबरने की शक्ति मानव खुद अपने भीतर इकट्‌ठा नहीं कर पाता।

सहनशीलता कायम रखने के विभिन्न उपाय

(1) धीरज
(2) सन्तोष
(3) मन की शान्ति
(4) विवेक या समझ
(5) गम्भीरता
(6) ज्ञान का मनन–चिन्तन
(7) उदारता
(8) अन्तर्मुखता
(9) कष्टों के प्रति सहनशक्ति
(10) "नथिंग न्यू" (नया कुछ नहीं) की समझ, तथा
(11) गरीबी और कष्टों को अपने कर्मों का परिणाम मानना

दुःख, रोग, शोक, शरीर की घायलावस्था– ये सभी बातें आदमी को अन्दर ही अन्दर परेशान करती रहती हैं। इस कारण इनसान जीवन की खुशी का पूरा अनुभव नहीं कर पाता है।

जिन्दगी में घटने वाली दुर्घटनाओं को और रोग, शोक व अकाल–मृत्यु की अवस्थाओं के दर्द को भुलाने के लिए जरूरी है कि हम अपने मन में यही समझें कि इस संसार में जो कुछ भी हो रहा है, कुछ भी नया नहीं हो रहा है। इस सिद्धान्त को "नथिंग न्यू" का सिद्धान्त कहते हैं। यह सम्पूर्ण मनुष्यसृष्टि एक विशाल रंगमंच की तरह है तथा संसार में जितनी भी घटनाएँ घटित होती हैं, ये सभी नाटक के दृश्य मात्र हैं। कोई भी अच्छी या बुरे से बुरी घटना दुनिया में इतनी स्थायी नहीं होती कि उसे लेकर आदमी जिन्दगी भर दुःख या शोक मनाता रहे। सृष्टिरूपी नाटक के अनुसार जो कुछ हो चुका है, वह सब एक निश्चित अवधि (पाँच सहस्र वर्ष) के पश्चात् फिर से हूबहू पुनरावृत्त होगा। पाँच हजार वर्ष की अवधि में संसार की घटनाएँ एक बार फिर से अपने–आपको दोहराती हैं तथा संसार के नाटक का यह क्रम इसी प्रकार चलता रहता है।

अगर जिन्दगी में हमारा कोई प्रियजन हमें छोड़कर चला गया हो, परलोक सिधार गया हो, हमको किसी रोग ने आ घेरा हो तथा हमको व्यापार में काफी बड़ा नुकसान या घाटा हो गया हो, तो हमको घबराने की जरूरत नहीं है। ऐसी हालत में हमें यही सोचना चाहिए कि आज से 5000 वर्ष पहले भी इसी तरह हमारा नुकसान हुआ था। अगर हमें कोई बड़ा आर्थिक फायदा होता है, तो भी हमको ज्यादा खुश होने की जरूरत नहीं है। ऐसी हालत में हमें यही सोचना चाहिए कि आज से 5000

वर्ष पहले भी हमको इतना ही फायदा हुआ था।

इस प्रकार जो फायदे–नुकसान होते हैं, वह नयी (न्यू) बात नहीं है। यह सब संसार नाटक के अन्तर्गत हमारे साथ पहले भी हो चुका है तथा आगे भी होगा। प्रत्येक घाटे तथा फायदे को सहने के लिए हमें सदैव तैयार रहना चाहिए।

दुःख, अभाव, कष्ट और गरीबी– ये ऐसी चीजें हैं, जिनको व्यक्ति अपनी जिन्दगी में कभी न कभी भुगतता है। अगर हम ऐसी बातों से घबराने लगेंगे, तो जिन्दगी की मुसीबतों का सामना हम कभी न कर सकेंगे।

वास्तविक जिन्दगी तो खुशी से जीने का नाम है। परेशान होकर, घबराकर या घुट–घुट कर जीना भी कोई जीना नहीं है। कुछ लोग अर्थाभाव, रोग, कष्ट और मुसीबतें देखकर जिन्दगी से जल्दी ही अपनी हार मान लेते हैं। वे कभी अपने–आपको और कभी ईश्वर को कोसने लगते हैं।

हमें सदैव इस बात का ध्यान रखना चाहिए कि भगवान से हमको मनुष्य का जीवन उपहार में मिला है। इसको हमें स्वस्थ और प्रसन्न होकर बिताना चाहिए। अगर जीवन में कोई दुःख, मुसीबत, अर्थाभाव अथवा कष्ट आया है, तो इसमें ईश्वर का कोई दोष नहीं है। यह तो हमारे अपने ही पिछले अनर्थ या बुरे कर्मों का परिणाम है।

दुःख हो या सुख– सब कुछ हमारे ही स्वभाव–संस्कार और कर्मों का नतीजा है। इसलिए हमें उसे हँसते–मुस्कराते हुए सहन करना चाहिए। हमारी मुसीबतों के लिए न तो कोई व्यक्ति जिम्मेदार है और न ईश्वर ही। हम लोग ही अपने दुःखों के कारण हैं और हम खुद ही अपने जीवन की खुशियों की रुकावटें हैं। इसलिए हमें खुद ही अपने कष्ट और अभावों को दूर करना होगा, हमें खुद ही अपनी मुसीबतों को हरना होगा।

इस तरह हम उपर्युक्त विविध उपायों को अपनाकर अपने जीवन की सहनशीलता को कायम रख सकते हैं।

सहनशीलता से पत्थर भी देवतुल्य

जब कोई मूर्तिकार किसी मन्दिर के लिए देवी अथवा देवता की पाषाण प्रतिमा का निर्माण करता है, तो वह हथौड़े की चोटों से छैनी के जरिए पत्थर को तराशना

शुरू करता है। कोई भी पत्थर जब तक छैनी-हथौड़े की चोटें नहीं सह लेता, तब तक वह देव-प्रतिमा के रूप में नहीं निखर पाता है।

पत्थर यदि हथौड़े की चोट या मार सहन नहीं कर पायेगा, तो वह टूट-टूट कर बिखरता ही जायेगा। उस पत्थर के जरिये मूर्तिकार या शिल्पकार कभी भी देव-प्रतिमा का निर्माण नहीं कर सकेगा।

सहनशीलता : महापुरुषों का लक्षण

आज तक संसार में जितने भी महापुरुष हुए हैं, उन सभी ने जीवन की विभिन्न प्रकार की परिस्थितियों को, कष्ट और अभाव की चोटों का सहा है। सच पूछिये तो प्रतिकूल परिस्थितियाँ सहकर ही कोई व्यक्ति महान बन पाता है अथवा महानता को हासिल कर पाता है।

सामान्य और महान मनुष्य में यही एक अन्तर होता है कि सामान्य मनुष्य जहाँ परिस्थितियों की विकरालता को देखकर घबरा जाता है, वहीं महान आदमी किसी भी प्रकार से हँसता हुआ जीवन की कठोर परिस्थिति का सामना करता है।

समय या काल तो मनुष्य की मजबूती और वीरता की परीक्षा लेता ही है लेकिन महान व्यक्ति इस तरह की परीक्षा को आसानी से पास कर लेता है। कठोर परिस्थितियों में उसकी जिन्दगी का साहस और धीरज जरा भी कमजोर नहीं होने पाता है। चाहे कोई व्यक्ति कमजोर हो या शक्तिशाली, महान हो या साधारण समय हर किसी आदमी की परीक्षा लेता है। सामान्य और कमजोर आदमी तो समय की कड़ी चोट के आगे अपनी हार मान लेते हैं और टूट कर बिखर जाते हैं, जबकि महान और शक्तिशाली लोग, वीर अथवा बहादुर योद्धाओं की भाँति अपने जीवन की अन्तिम साँस तक संघर्ष करते रहते हैं। उनकी विलपॉवर या संकल्पशक्ति इतनी मजबूत होती है कि वे जीवन की परिस्थितियों से इतनी जल्दी अपनी हार नहीं मानते। समय बड़ा ही विकराल और भयावह रूप धारण करके उनको डराने के लिए आता है, लेकिन वे जिन्दगी के समरांगण में बहादुरी को धारण किये हुए सब कुछ सहन करते रहते हैं।

आपने सन्त ईसा मसीह, कबीर, रैदास, सूरदास, नानक आदि महापुरुषों के बारे में सुना होगा। इन महान लोगों ने मनुष्यों को सही राह दिखाने के लिए भला क्या-क्या नहीं सहा? ईसा मसीह को तो नया धर्म, नया नियम चलाने के लिए

लोगों ने खूब बुरा—भला कहा, उन्हें मारा—पीटा तथा अन्ततः उनको सूली (फाँसी) पर लटका दिया। उनके शरीर में लोहे की कीलें ठोकी गयीं। इसी प्रकार महावीर के ऊपर भी लोगों ने कीचड़—पत्थर फेंके, उनके कानों में लकड़ी के कीले ठोंके गये। कबीरदास को तो पाखण्डी लोगों ने काशी में रहना भी मुश्किल कर दिया था, इसलिए मजबूर होकर वृद्ध कबीर को अपने जीवन के अन्तिम दिनों में काशी को छोड़कर मगहर जाना पड़ा। वे धर्म के कट्टरपन्थियों से इतना ऊब चुके थे कि उन्होंने अपनी इच्छा मगहर में ही शरीर छोड़ने के लिए प्रकट की थी।

महिला—सन्त मीराबाई ने भी समाज की लोकलाज तथा निन्दा को सहन किया। उन्हें तो जहर का प्याला तक पीना पड़ा लेकिन ईश्वरीय प्रेम के पथ पर चलते हुए उन्होंने हँसते मुस्कराते हुए सब कुछ सहन किया। यही एक महान सन्त की निशानी है। सच्चाई के रास्ते को अपनाते हुए वह सब कुछ सहता है, लेकिन सत्य का दामन कभी नहीं छोड़ता।

सागर की तरह सहनशील, गम्भीर और महान बनें

समुद्र जितना विशाल होता है, अन्दर से वह उतना ही गहरा होता है। जब उसके अन्दर कोई छोटा या बड़ा पत्थर डाला जाता है, तो हर प्रकार के पत्थर को वह अपने अन्दर समा लेता है। अनेक सारी नदियाँ अन्ततः समुद्र में आकर मिलती हैं और समुद्र के अन्दर यह विशेषता होती है कि वह सभी नदियों को अपने अन्दर समा लेता है।

समुद्र के अन्दर ऐसी समाने की शक्ति उसकी सहनशीलता के कारण ही आती है। जिस व्यक्ति का हृदय समुद्र की तरह गम्भीर होता है, वह दुनिया की हर छोटी—बड़ी बात को, ऊँची—नीची बात को, अपने अपमान और निन्दा को हँसते हुए सह लेता है तथा कभी किसी से कुछ नहीं कहता।

वृक्ष की सहनशीलता और महानता

वृक्ष जब फलों से लद जाता है, तो इसकी शाखाएँ नम्र होकर नीचे की ओर झुक जाती हैं। इसी तरह मनुष्य के अन्दर जब सद्गुण आ जाते हैं, तो उसका स्वभाव स्वतः ही नम्र हो जाता है। वह अकड़ और अभिमान उसके अन्दर नहीं रहता। अगर कोई बालक मीठे फलों को तोड़ने के लिए उस वृक्ष पर पत्थर भी मारता है,

तो वृक्ष पत्थर की चोट सहकर बच्चे को मीठा ही फल देता है।

मनुष्य तो सृष्टि का सबसे महान चेतन प्राणी है। उसके भीतर तो पत्थर, समुद्र तथा वृक्ष से भी अधिक महानता अथवा सहनशीलता का गुण होना चाहिए।

प्रतिपल अपनी मुस्कान बिखेरिये

हँसना और मुस्कराना तो प्रत्येक मनुष्य का जन्मसिद्ध अधिकार है। जिन्दगी में मुसीबतें चाहें कितनी भी आयें, लेकिन आप मुसीबतों को जीवन का खेल मानकर चलिए। जिन्दगी एक अजीब–सी पहेली है। यह कभी इनसान को हार खिलाती है और कभी उसे विजय दिलाती है। जिन्दगी को पूरी तरह समझ पाना बड़ा ही मुश्किल काम होता है।

लेकिन मुनष्य की महानता इस बात में है कि वह हर हाल में प्रसन्न रहे। हार हो या जीत, दुःख हो या सुख, सदा ही हँसता–मुस्कराता रहे। हमको हँसता–मुस्कराता देखकर अन्य निराश और दुःखी लोगों के हृदय का हौसला बढ़ता है। उनके अन्दर भी अपनी जिन्दगी को बेहतर ढंग से जीने की हिम्मत आती है।

इस अध्याय में हम खुशी के सातवें अथवा अन्तिम कदम की चर्चा कर रहे हैं। 'सहनशीलता' से मनुष्य अपनी जिन्दगी की हारी हुई बाजी को भी जीत लेता है। सहनशीलता इनसान को सदैव आगे बढ़ने का हौसला देती है।

यदि हमें सहनशीलता का पाठ सीखना है, तो नन्हें–नन्हें बच्चों से सीखें। वे कितने मासूम और अबोध होते हैं। अगर कोई उनसे कुछ उल्टा–सीधा कहता है, उनको गालियाँ भी देता है, तो गाली देने वाले और बुरा कहने वाले व्यक्ति की बातों को वे ज्यादा देर तक दिल पर नहीं रखते। बच्चे शीघ्र ही अपने साथ घटी हुई बुरी बात को या बुरे व्यवहार को भुला दिया करते हैं।

छोटे–छोटे पौधे नम्र और सहनशील होते हैं, तेज आँधियों के थपेड़ों को वे नम्रतापूर्वक सह जाते हैं, जबकि बड़े–बड़े वृक्ष सहनशील और नम्र न होने के कारण तेज आँधियों में टूट जाया करते हैं।

जिस व्यक्ति को झुकना आता है, वही सबकी बातों को सह सकता है और ऐसा सहनशील व्यक्ति ही महान हो सकता है।

खुशी के हर कदम पर गौर करें

मनुष्य के जीवन में खुशियाँ बड़े भाग्य से मिलती हैं। कुदरत यदि हमको खुश रहने का कोई मौका देती है, तो हमें उस मौके को कभी व्यर्थ नहीं गँवाना चाहिए। खुशी का एक कदम उपलब्ध होने पर खुशी के अन्य कदमों की ओर सहज रूप से आगे बढ़ने का प्रयास करना चाहिए। इस कुदरत या संसार के नाटक में खुशियाँ कभी अनायास या बिना प्रयास के ही इनसान को मिल जाती हैं और कभी खुशी की प्राप्ति के लिए इनसान को काफी प्रयास अथवा मेहनत करनी पड़ती है। खुशी मनुष्य के जीवन का सार है। इसकी प्राप्ति के लिए अगर हमको मेहनत भी करनी पड़े, तो भी हमको मेहनत करने से नहीं चूकना चाहिए।

जिन्दगी की खुशियाँ किसी की मेहरबानी या कृपा का परिणाम नहीं, बल्कि व्यक्ति के विचार, स्वभाव—संस्कार और कर्मों का ही परिणाम हैं। अतः खुशी के मामले में हमको किसी और पर नहीं, बल्कि स्वयं के ऊपर ही निर्भर रहना चाहिए। यदि हम चाहें तो नेक स्वभाव, संस्कार, विचार और सत्कर्मों को अपनाकर अपने जीवन की धारा को बदल सकते हैं। दुःख और अशान्ति से परिपूर्ण जीवन में खुशी की नयी लहरें ला सकते हैं।

कुछ लोगों का मानना है कि जीवन की खुशियाँ भगवान के आशीर्वाद का फल हैं। भगवान के तो सभी बच्चे ही हैं। वह तो चाहता है कि दुनिया की हर मनुष्यात्मा, जो कि उसकी अविनाशी सन्तान है— हमेशा खुश रहे लेकिन अगर अपने जीवन की खुशियों को उत्पन्न करने जैसा सत्कर्म, सद्विचार, सद्व्यवहार और सदाचरण वह धारण नहीं करेगा, तो उसके जीवन में खुशियाँ भला कैसे प्राप्त हो सकेंगी?

खुश रहना और खुशी बाँटना यों तो संसार के हर मानव का फर्ज है लेकिन भला कितने ऐसे लोग हैं, जो निष्ठापूर्वक अपने इस कर्त्तव्य का निर्वाह कर पाते हैं? खुश रहना जहाँ आसान है, वहीं खुशी बाँटना जरा मुश्किल—सा काम लगता है। हम अपने जीवन में खुद तो प्रसन्न रहना चाहते हैं, लेकिन दूसरों की प्रसन्नता से हमको तकलीफ होती है।

इस प्रकार के विचार हमको जिन्दगी में हमेशा की खुशी नहीं दे सकेंगे। यदि हम पूर्णतः प्रसन्न बनना चाहते हैं, तो हमें अपनी खुशियों के दायरे को फैलाना होगा, प्रसन्नता का प्रचार—प्रसार करना होगा। अपने जीवन की खुशियों में हम दूसरों को भी शामिल करें, तभी हम खुशी के माहौल को दूर—दूर तक फैला सकेंगे।

इस पुस्तक के प्रारम्भ में हमने जिन्दगी की खुशियों को मिलकर बाँटने की चर्चा की है। बाँटने से खुशियाँ हमारे परिवार में, समाज में, राष्ट्र में तथा विश्व–समुदाय के अन्दर और भी ज्यादा फैलती –फूलती हैं।

खुशी के मामले में ईर्ष्या करना गलत है। जब किसी की खुशियों से या किसी के सुख से ईर्ष्या की जाती है, तो ऐसे सुख और ईर्ष्या के ऊपर इनसान की बुरी नजर लग जाती है। तब न तो इनसान दूसरों को खुशी की अनुभूति करने देता है और न वह खुद ही जीवन की सच्ची खुशी का अनुभव कर पाता है।

सबको आदर तथा सबको स्नेह देने से जिन्दगी की खुशियों में कमी नहीं आती बल्कि मानव की खुशियाँ निरन्तर बढ़ती ही रहती हैं। अगर हम किसी से स्नेह करेंगे, तो दूसरा व्यक्ति हमसे भी स्नेह करेगा। अगर हम औरों से दूर–दूर रहेंगे, आपस में कटे हुए रहेंगे या एक–दूसरे से बात नहीं करेंगे, तो हमारे संस्कारों का आपस में मिलना और हमारा साथ रहकर प्रसन्न रह पाना मुश्किल होगा।

आध्यात्मिकता की रुचि की बात भी हमने इस पुस्तक में की है। आध्यात्मिक जीवन–मूल्यों से जुड़े बिना हमको जिन्दगी में सच्ची खुशियाँ हासिल नहीं हो सकती हैं। आध्यात्मिक–साधना (योग, सत्संग तथा ज्ञान–चिन्तन आदि) मन में एकाग्रता और शान्ति लाती है। ऐसा होने पर हमारे जीवन की सारी खुशियाँ हमारे पास वापस लौट आती हैं। आध्यात्मिकता, मनुष्य की अन्तरात्मा या मन को उसके जीवन के मूल अस्तित्व से, जीवन के स्रोत से जोड़ देती है। इससे प्रसन्नता का स्वर्णद्वार हमारे लिए खुल जाता है।

स्वाध्याय से हमारा मतलब जीवन–मूल्यों से समन्वित पुस्तकों के अध्ययन से है। ऐसी पुस्तकें मनुष्य के स्वस्थ मनोरंजन और ज्ञान में वृद्धि करने के कारण साथ–साथ उसके अन्दर बेहतर स्वभाव–संस्कारों का निर्माण भी करती हैं। उत्तम पुस्तकें मनुष्य की सच्ची साथी और मार्गदर्शक गुरु की भाँति होती हैं। इनसे इनसान का आचरण तथा व्यवहार सुधरता है तथा उसका चरित्र बेहतर होता जाता है।

पुस्तक के अन्तिम दो अध्यायों में हमने मन के सामंजस्य तथा सहनशीलता की चर्चा की है। अगर जिन्दगी में सभी बातों का सामंजस्य या तालमेल न हो, तो अपनी निजी जिन्दगी में, परिवार और समाज के बीच रहते हुए कई प्रकार की समस्याएँ उठ खड़ी होती हैं। उस समय जीवन की खुशियाँ हमसे कोसों दूर चली

जाती हैं, अतः जिन्दगी में सच्ची खुशियाँ प्राप्त करने के लिए जरूरी है कि हम अपने दिमाग को स्थिर, शान्त और शीतल बनाये रखें। मन में सामंजस्य बिठायें। साथ ही सहनशीलता का जीवन में प्रयोग करें।

असहनशील, अधीर या व्यग्र होने से जीवन में काम नहीं चलता। इस प्रकार की आदत से हम अपनी जिन्दगी में कोई लक्ष्य हासिल नहीं कर सकते।

खुशी एक ऐसी चीज है, जो न तो किसी से भीख या रहम में मिलती है, न बाजार से क्रय की जा सकती है और न ही किसी से छीनी जा सकती है। यह तो अपने मन की स्थिरता, विचारों की सरलता और सामंजस्यपूर्ण स्थिति से, अच्छे विचार, अच्छे व्यवहार और अच्छे कर्मों के फलस्वरूप मनुष्य को खुद ही हासिल हो जाती है। आइये! हम सभी मिलकर खुश रहें और दूसरों को भी सुखमय जीवन जीने की प्रेरणा दें।

※※※

समस्याओं का समाधान

तेनालीराम के संग

लेखक: विशाल गोयल

टाइप: पेपरबैक

भाषा: हिन्दी

पृष्ठ: 264

मूल्य: ₹ 135

प्रकाशक: वी एण्ड एस पब्लिशर्स

जिसके जीवित रहने से विद्वान्, मित्र और बन्धु–बान्धव जीते हैं,
उसी का जीना सार्थक है। – fgrkin'k

तेनालीराम विजयनगर साम्राज्य के संस्थापक राजा कृष्णदेव राय के मन्त्रिमण्डल (अष्टदिग्गजों) में से एक, राजा के प्रमुख सलाहकार एवं राज-विदूषक थे। वे राजा की राजसभा (भुवन-विजयम्) के एक आधार-स्तम्भ और गौरव थे। कृष्णदेव राय का राज्यकाल सन् 1509 से सन् 1529 तक माना जाता है।

कृष्णदेव राय की गणना सम्राट् अशोक, समुद्रगुप्त और हर्षवर्द्धन जैसे महानायकों के समकक्ष की जाती है। इसी प्रकार तेनालीराम की गणना आचार्य चाणक्य की तरह कूटनीतिज्ञ, बीरबल की तरह चतुर, हाजिरजवाब और शालीन हास्यकार के रूप में की जाती है।

यह पुस्तक तेनालीराम और राजा कृष्णदेव राय के बीच घटने वाली 74 घटनाओं का कहानियों के रूप में रोचक, शिक्षाप्रद व नीतिपरक बातों का संकलन है।

प्रत्येक कहानी के अन्त में कहानी से मिलने वाली शिक्षा, और उससे सम्बन्धित नीति आम भाषा में इस ढंग से प्रस्तुत किया गया है, जो आत्मसात करने में सरल हो। लेखक ने अपने देश की लोक-परम्परा को दृष्टिगत रखते हुए उक्त कहानियों को अपने शब्दों में, रेखाचित्रों के माध्यम से प्रस्तुत किया है। ये कहानियाँ देश-काल की सीमा में नहीं बाँधी जा सकतीं। इन कहानियों को आप जितनी बार पढ़ेंगे, इसकी गूढ़ बातें आपके समक्ष परत-दर-परत खुलती जायेंगी, जो आपको शिक्षा भी देंगी, ज्ञान भी बढ़ायेंगी, मनोरंजन भी करेंगी और जीवन में सफल होने के लिए आपको प्रेरित भी करेंगी। इस पुस्तक को आप अवश्य पढ़ें।

निराशा छोड़ो सुख से जिओ

लेखकः हरेन्द्र 'हर्ष'

टाइपः पेपरबैक

भाषाः हिन्दी

पृष्ठः 136

मूल्यः ₹ 96

प्रकाशकः वी एण्ड एस पब्लिशर्स

व्यक्ति अचानक आई विपत्ति या मामूली अवरोध से ही घबरा जाता है। इससे उसके हाथ से बहुत से अवसर जाते रहते हैं। अतएव आशा की डोर कभी मत छोड़ें, इसके साथ डटे रहें, फिर देखें आपके जीवन में खुशियां आएंगी। आप उन्नति के लिए आशा की ज्योति जलाकर सतत प्रयास करते रहें। इस कार्य में इस पुस्तक के विचार ही नहीं, उद्धरण, प्रसंग और घटनाएं पग-पग पर आपका मार्गदर्शन करके आपके विकास में सहायक सिद्ध होंगे।

हां, तुम एक विजेता हो!

लेखकः आर. एस. गोयल

टाइपः पेपरबैक

भाषाः हिन्दी

पृष्ठः 160

मूल्यः ₹ 60

प्रकाशकः वी एण्ड एस पब्लिशर्स

कर्मयोगी बनकर सत्य से साक्षात्कार करें
और विजयी होकर जीवन लक्ष्य प्राप्त करें

यह कृति व्यक्तित्व विकास कार्यशाला पर आधारित है, जिसमें युवाओं को यह संदेश पहुँचाने का प्रयास किया गया है कि हां, तुम एक विजेता हो और तुम्हारे भीतर विजेता होने के समस्त गुण विद्यमान हैं। आवश्यकता है, केवल उन्हें पहचान कर अमल में लाने की। इसमें जीवन के लक्ष्यों, आत्मविश्वास, परिवर्तन, सही प्रकृति व समय के चमत्कार पर अत्यधिक बल दिया गया है। इसके अतिरिक्त सफलता व असफलता की सिद्ध रीतियों को भी स्पष्ट कर दिया है। कार्यशाला के प्रमुख भागों में से एक इसकी कार्य योजना है, जिसमें महत्वाकांक्षा का चुनाव प्राथमिकता के आधार पर निर्धारित करना एवं समय का प्रबंधन (Time Management) आदि है।

इसका वास्तविक ध्येय जहां युवाओं का मार्गदर्शन कराने वाली सामग्री की रिक्तता को दूर करना है, वहीं आकर्षक व्यक्तित्व के प्रमुख तत्वों का उल्लेख इसकी विशेषता है। इसकी प्रत्येक कार्यशाला अनुभवजनित सत्य को प्रकट करती है। पुस्तक सृजन के पीछे यही भावना रही है कि मानव कर्मठ बनकर स्वयं सत्य से साक्षात्कार करे, विजयी होकर जीवनलक्ष्य को प्राप्त करे।

आर. एस. गोयल, जो कि लेखक होने के साथ-साथ एक उद्योगपति भी हैं, इसलिए सफलता प्राप्त करने के मार्ग में आने वाली दैनिक कठिनाइयों का अध्ययन कर अपने अनुभवों को युवाओं के मार्गदर्शन हेतु अत्यन्त सरल भाषा में पिरोकर लेखों, व्याख्यानों व कार्यशालाओं की सहायता से प्रस्तुत करते रहते हैं और इसी क्रम में एक प्रयास है, यह पुस्तक-**हां, तुम एक विजेता हो!**

मन की उलझनें कैसे सुलझाएं

लेखक: डॉ. राम गोपाल शर्मा
टाइप: पेपरबैक
भाषा: हिन्दी
पृष्ठ: 128
मूल्य: ₹ 60
प्रकाशक: वी एंड एस पब्लिशर्स

जिसने मन को जीत लिया, उसने जगत को जीत लिया।
-शंकराचार्य

व्यक्ति की बुद्धि का और शरीर का संचालन मन से होता है। मन शान्त, स्थिर और हर्ष-से भरा हुआ हो, तो सभी कुछ सहज और स्वाभाविक ढंग से पूर्ण होता चला जाता है। इसके विपरीत मन ठीक नहीं हो, यानी उसमें ढेरों उलझनें भरी हों, तो बुद्धि बौरा जाती है, उसे कोई रास्ता नहीं सूझता और बौखलाहट में वह बहुत कुछ उलट-पुलट कर बैठता है। इसीलिए यह मानी हुई बात है कि प्रसन्न तथा शान्त मन के व्यक्ति को चिर परिप्रेक्ष्य में यह पुस्तक मन की गुत्थियों को सुलझा कर उसे वर्तमान समय में जीने और उन्नति करने योग्य बनाने वाली व्यावहारिक मार्गदर्शिका है।

पुस्तक में बताया गया है कि-
भय, तृष्णा, अहंकार, क्रोध, आलस्य, निराशा, अन्तर्द्वंद्व, अतिभावुकता, बेचैनी, विमुखता, चिंता, ऊंची उड़ानों जैसे मन के विकारों को किन-किन उपायों द्वारा दूर किया जा सकता है? और धैर्य, आशा, आत्मविश्वास, चाह, इंद्रियों पर नियंत्रण, सौष्ठव, आत्मविस्तार और आत्मसम्मान को कैसे प्राप्त किया जा सकता है।

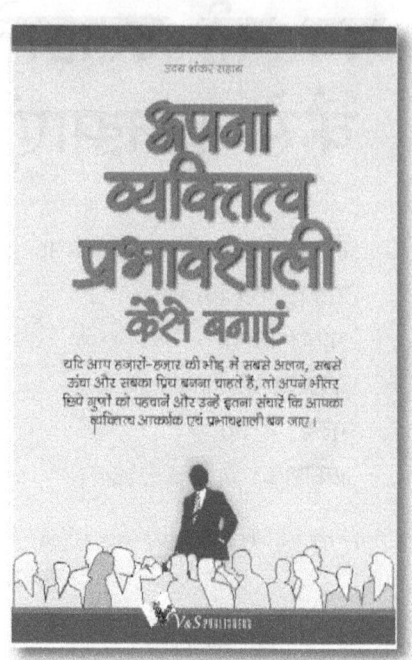

अपना व्यक्तित्व प्रभावशाली कैसे बनाएँ

लेखक: उदय शंकर सहाय

टाइप: पेपरबैक

भाषा: हिन्दी

पृष्ठ: 142

मूल्य: ₹ 68

प्रकाशक: वी एण्ड एस पब्लिशर्स

व्यक्तित्व की सभी जगह रक्षा और सम्मान करना चाहिए, क्योंकि यह सभी अच्छाइयों का आधार है।
-रिचर

प्रभावशाली व्यक्तित्व हरेक व्यक्ति की अपनी अमूल्य धरोहर है, जिसकी वजह से भीड़ में भी उसकी अलग पहचान बनती है। परिवार हो या समाज, देश हो या विदेश, नौकरी हो या उद्योग-व्यापार, स्कूल-कॉलेज हो या साहित्य और कलाओं की दुनिया, प्रशासन हो या राजनैतिक तंत्र, मसलन हर जगह आपको ढेर सारे लोग खड़े नज़र आएंगे, पर उनमें भी जो सर्वाधिक प्रभावित कर सके और सबका मान-सम्मान पा सके, वही आपको आदर्श एवं प्रभावशाली बनने के लिए ठोस सलाह दे सकता है। इसके लिए आपको ये प्रयत्न करने होगें-

- आपको आलस्य और बुरे विचारों को त्याग कर कठिनाइयों से जूझने की ताक़त को बढ़ाना होगा।
- आपको आत्मविश्वास, जिज्ञासा, सहनशक्ति, त्याग भावना, कर्तव्य परायणता, विनम्रता को अपने भीतर आत्मसात करना होगा।
- और फिर आप मधुर वाणी बोलें, सबका सम्मान करें, अध्यवसायी बनें, लीक से हटकर चले, अपने उद्देश्य को अच्छी तरह जानें, सब कुछ देखें-परखें, नियमित कार्यक्रम बनाकर वर्तमान में जीना सीखें।

फिर देखें कि आपका व्यक्तित्व कितनी जल्दी आकर्षक और प्रभावशाली बन जाएगा और आप होंगे दुनिया के सबसे खुशनसीब व्यक्ति।

साहस और आत्मविश्वास

लेखक: रोमी सूद 'उपमाश्री'
टाइप: पेपरबैक
भाषा: हिन्दी
पृष्ठ: 128
मूल्य: ₹ 60
प्रकाशक: वी एण्ड एस पब्लिशर्स

विश्व के सफलतम व्यक्तियों का रहस्य एक ही रहा है-उनका 'साहस और आत्मविश्वास'।

संकट में साहस होना आधी सफलता प्राप्त कर लेना है। —प्लाउट्स
आत्मविश्वास ही भावी उन्नति की प्रथम सीढ़ी है। —विवेकानन्द

आज आत्मविश्वास की शक्ति और क्षमता को सभी ने अच्छी तरह पहचान लिया है। यही वह सत्य है, जो व्यक्ति की उन्नति में कारगर भूमिका निभाता है। साहस आत्मविश्वास का पूरक है। आत्महीनता से ग्रस्त व्यक्ति कभी निडर और साहसी नहीं हो सकता।

आपके कार्यक्षेत्र में तो इसका मोल सर्वाधिक है। आप कितनी ही विपत्तियों से क्यों न घिरे हों, यदि आप में आत्मविश्वास है, तो बड़ी-से-बड़ी चुनौतियां भी आपका कुछ नहीं बिगाड़ पाएंगी और आप किसी कुशल मल्लाह की तरह तूफानों में घिरी नाव को किनारे पर ले ही आएंगे, ऐसा विश्व के महान् मनीषियों का दावा है।

अपने विषय की श्रेष्ठ लेखिका रोमी सूद 'उपमाश्री' ने अपनी इस पुस्तक में 23 अध्याय दिए हैं। प्रत्येक अध्याय पूरी तरह दिशा सूचक हैं। जैसे-जैसे आप इन्हें पढ़ते जाएंगे, आप में उत्साह एवं आत्मविश्वास भरता चला जाएगा और एक दिन आप अपने आपको सफलता प्राप्त करने में सक्षम पाएंगे।

बहुत से लोग योग्य, अनुभवी और प्रतिभाशाली होते हैं, लेकिन आत्मविश्वास के अभाव में सब दब जाता है और वे कुंठित होकर अपने आपको दोषी ठहराने लगते हैं, जबकि ऐसा नहीं है। उन्हें अपने भीतर आत्मविश्वास जगाना और उन्नति का मार्ग प्रशस्त करना चाहिए।

खुशहाल जीवन जीने के
व्यावहारिक उपाय

लेखक: चुन्नीलाल सलूजा
टाइप: पेपरबैक
भाषा: हिन्दी
पृष्ठ: 128
मूल्य: ₹ 96
प्रकाशक: वी एण्ड एस पब्लिशर्स

जिसके जीवित रहने से विद्वान्, मित्र और बंधु–बांधव जीते हैं,
उसी का जीना सार्थक है। – **fgrkin'k**

अब जमाना बदल गया है। उसी हिसाब से व्यक्ति की सोच-समझ, उसका रहन-सहन, आचार-व्यवहार और परस्पर संबंधों की गरिमा तथा मिठास भी बदल गई है। अब सब कुछ अधिक व्यावहारिक हो गया है। व्यक्ति की जागरूकता व आकांक्षाएं पहले से बढ़ गई हैं। इसी तरह आज के जीवन की आपाधापी, होड़, तनाव, हताशा और बेगानेपन ने व्यक्ति को जिस तरह परेशानी में डाल रखा है, उसके लिए खुशहाल जीवन जीने का मार्ग प्रशस्त करती है- यह पुस्तक।
आपके लिए यह महत्त्वपूर्ण पुस्तक लिखी है जाने माने लेखक चुन्नीलाल सलूजा ने। इसमें 21 अध्याय हैं और यह तय है कि हर अध्याय आपके जीवन में नए-नए रंग भरेगा, जैसे ✦ परिवार से जुड़ना सीखें ✦ अप्रिय प्रसंगों व हादसों को भूलें ✦ गलतियां फिर न दोहराएं ✦ परिचय का दायरा बढ़ाएं ✦ अपनी सोच को व्यापक बनाएं ✦ खुश रहें, खुशियां बांटें ✦ व्यक्तित्व को आकर्षक बनाएं ✦ दिल खोल कर हंसें ✦ दाम्पत्य-जीवन को सरस बनाएं ✦ अति भावुकता से बचें ✦ हमेशा कुछ नया करें ✦ सकारात्मक सोचना सीखें ✦ सदा सत्य का साथ दें ✦ सफलता के लिए श्रम करें और इन सब उपायों पर अमल करके जीने की कला सीखें। ये सभी उपाय इतने सटीक, चुस्त और परखे हुए हैं कि इन्हें अपनाकर आप निश्चय ही खुशहाल जीवन जीने में सक्षम बन सकेंगे।

जीवन में सफल होने के उपाय

लेखक: स्वेट मार्डेन
टाइप: पेपरबैक
भाषा: हिन्दी
पृष्ठ: 143
मूल्य: ₹ 68
प्रकाशक: वी एण्ड एस पब्लिशर्स

विश्व विख्यात लेखक 'स्वेट मार्डेन' की बहुचर्चित पुस्तक "टू सक्सीड इन लाइफ" का अविकल हिन्दी रूपान्तर। अपने में छिपी शक्तियों को पहचानने, तनाव और निराशा से मुक्त होने, भय को दूर भगाने तथा कर्म का आदर करने के उपाय सुझाने वाली पुस्तक। यह प्रेरणा देती है, प्रोत्साहित करती है और व्यक्ति को आत्मविश्वास से भर देती है। बाधाएँ हटाकर रोशनी भरा रास्ता दिखाने वाला प्रकाश-स्तम्भ है- यह पुस्तक।

www.ingramcontent.com/pod-product-compliance
Lightning Source LLC
Chambersburg PA
CBHW072157160426
43197CB00012B/2416
* 9 7 8 9 3 8 1 5 8 8 2 4 6 *